組み合わせ自由自在

作りおき
弁当おかず

食のスタジオ編

西東社

作りおきのお弁当 始めてみる？

忙しい日々でも、おいしいご飯があれば頑張れるもの。
でも、お弁当のおかずを毎朝全部作るのは大変です。
そんなときに作りおきおかずなら、朝起きて詰めるだけで
お弁当が完成します。
また作りおきおかずは毎日の食事作りにも大助かり。
さあ、作りおきのお弁当生活を始めてみませんか？

CONTENTS

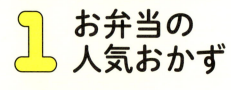

1　お弁当の人気おかず

2　メインおかず

3 サブおかず

 主食

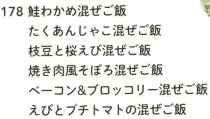

🥄🥄🥄 この本の決まり

■ 小さじ1は5㎖、大さじ1は15㎖、1カップは200㎖です。炊飯器用の1合は180㎖です。

■ 材料の分量は、ほとんどが5〜6人分です。一部、1人分、2人分などもあります。

■ 塩ゆでの塩の分量は記載しておりません。湯に塩を少々加えてゆでてください。

■ 電子レンジは600Wを使用しています。500Wの場合は、加熱時間を1.2倍にしてください。

■ 電子レンジ、オーブントースターの加熱時間はめやすです。メーカーや機種によって異なる場合があるので、様子を見ながら調整してください。

■ 冷蔵、冷凍の保存期間はめやすです。食べる前に必ず状態を確認し、サラダ、あえもの以外は一度電子レンジで温め、冷ましてからお弁当に詰めましょう。

作りおきでラクラク お弁当作り

時間があるときにできる作りおきおかずは、お弁当にとっても便利。普段の食事にも使えるのがうれしい！

作りおきなら 朝5分で完成！

あいている時間に作っておけば、朝は作りおきおかずを詰めるだけで、お弁当がすぐにできあがります。

家族みんなに使える 5〜6人前

おかずの分量は5〜6人分。家族みんなのお弁当に使えます。少量ずつ冷凍しておけば、いつでもいろんなおかずが使えてとても便利です。

●メインおかず　鮭のしっとり塩焼き→P73

父　母　子

普段のおかずにも 使える！

夕食や朝食にももちろん使うことができます。作りおきがひとつでもあれば、毎日のおかず作りがラクになります。

\ 朝食 /

/ 夕食 \

きほんのお弁当の 解剖図

きほんのお弁当はおかず3品、主食1品の合計4品で完成。おかず1品ののっけ弁ももちろんOKです。

1章 お弁当の 人気おかず →P23〜

2章 メイン おかず →P35〜

肉や魚などのメインおかずから、食べたいおかずを選びます。

すきま食材

ゆで野菜などですきまを埋めます。この本のコラムでは、すきまを埋めるヒントを紹介しています。

● すきまのヒント

メイン おかず 1品

サブ おかず 2品

すきま 食材

主食 1品

3章 サブおかず →P93〜

サブおかずは赤、黄、緑、白、茶色と、食材の色ごとに紹介しているので、お弁当の色味を気にする人にぴったり。

4章 主食 →P173〜

きほんは白いご飯でOK。4章では、おにぎりや混ぜご飯、麺類、サンドイッチなどの主食を紹介しています。

お弁当作りに大活躍 この本はこんなに便利

毎日のお弁当作りは悩みがつきないもの。この本を使って少しでも解消しましょう。

ここが便利！

4タイプのおかずで ラクラク作りおき

メインおかず、サブおかずはそれぞれ4タイプに分かれています。忙しくて時間がない、野菜不足、彩りが地味になってしまうなど、お弁当の悩みを解決するヒントになるでしょう。→P14〜15

スピード →15分以内で完成
忙しいときにはこのタイプから選んで。

のっけ弁 →ご飯にのせて
これをご飯にのせれば、1品でお弁当完成！

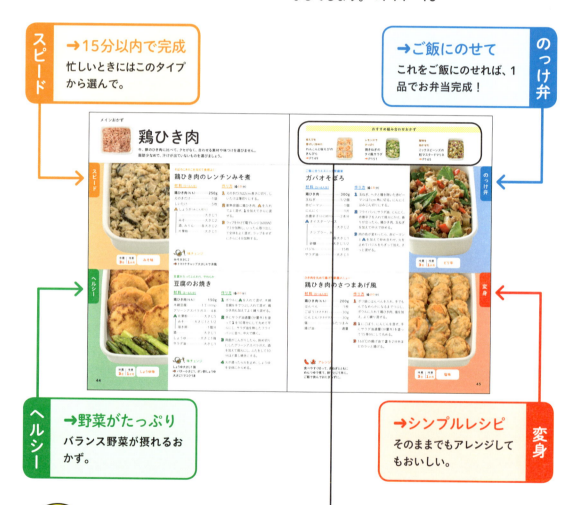

ヘルシー →野菜がたっぷり
バランス野菜が摂れるおかず。

変身 →シンプルレシピ
そのままでもアレンジしてもおいしい。

ここが便利！

組み合わせに 迷わない

タイプで組み合わせる方法（→P14〜15）のほか、食材ごとに食感や彩り、味わいなどがよく合うおかずを紹介しています。おかずの組み合わせの参考にしましょう。

ここが便利！ ⟶ # 彩りがととのう**サブおかず**

サブおかずの食材は、タイプに分かれているほか、色別に並んでいるので、全体で3色のおかずが入るように選ぶと、彩りがよく見え、栄養バランスがよくなります。

- ● 赤 → P96〜107
- ● 黄 → P108〜113
- ● 緑 → P114〜135
- ○ 白 → P138〜153
- ● 茶 → P156〜171

ラクラク

⟶ **一番簡単にできる**

電子レンジ使用など簡単にできるおかず。

おしゃれ

⟶ **見た目が◎**

彩りがよくなったり、見栄えがするおかず。

ボリューム

⟶ **メインにもなる**

肉、魚、卵など食材が入ってボリュームあり。

長持ち

⟶ **冷蔵で4日以上**

保存期間が比較的長く、常備菜にぴったり。

ここが便利！ ⟶ # 味アイコンでマンネリ回避

味アイコンは9種類。お弁当のおかずは味つけがかぶらないように選ぶと、食べ飽きません。新しい味に挑戦するきっかけにもなりますよ。

塩味 ／ しょうゆ味 ／ みそ味 ／ 甘辛 ／ さっぱり

こっくり ／ ピリ辛 ／ スパイシー ／ 甘酸っぱい

タイプで選んでお弁当の悩み解消！

4つのタイプ スピード ヘルシー のっけ弁 変身 ラクラク ボリューム おしゃれ 長持ち から次のように選ぶと、あなたにぴったりのお弁当ができます。

マンネリにならずに作りたい

これを選んで！
→ → →

毎日のお弁当作りに、また自分のお弁当に飽きてしまう…そんな人にはこちら。メインおかずが早くできるので、サブおかずを作っても30分ほど。「変身」を選べば、メインをアレンジすることもできます。

お弁当初心者におすすめ

● メインおかず

スピード ×1

または

変身 ×1

● サブおかず

ラクラク ×1

長持ち ×1

栄養バランスが気になる

これを選んで！
→ → →

ちょっとやせたい、野菜不足だと思っている人におすすめなのがこちら。野菜が摂れる「ヘルシー」、サブおかずも野菜たっぷりな「おしゃれ」を組み合わせると、見た目まで満足感があります。

野菜をしっかり摂れる弁当

● メインおかず

ヘルシー ×1

または

変身 ×1

● サブおかず

おしゃれ ×1

長持ち ×1

とにかく毎日 時間がない！

これを選んで！
→ → →

仕事や育児が忙しくて時間がない人にはこちら。1品5〜10分で完成するものばかりです。また、「のっけ弁」を選べば、ご飯にのせるだけで1品弁当になります。

のっけ弁で盛りつけもラク早

● メインおかず

スピード ×1

または

のっけ弁 ×1

● サブおかず

ラクラク ×1

見栄えする弁当が 作れない

これを選んで！
→ → →

いつも茶色いお弁当になる、おしゃれなお弁当にならない人にはこちら。野菜が多めのメインおかずに、おしゃれなサブおかずを加えると、見栄えがぐんとよくなります。

パンチのある色でおしゃれに

● メインおかず

ヘルシー ×1

または

変身 ×1

● サブおかず

おしゃれ ×1

ボリューム ×1

いつもお弁当の 量が足りない

これを選んで！
→ → →

たっぷり食べたい男性や育ち盛りの子どもにはこちら。ご飯に合う「のっけ弁」のメインおかずや、サブおかずもたんぱく質食材を加えた「ボリューム」から選べば大満足。

たんぱく質食材たっぷり弁当

● メインおかず

のっけ弁 ×1

● サブおかず

ボリューム ×1

ラクラク ×1

1週間の作りおきアイデア

作りおきおかずをやりくりするアイデアを紹介します。2人家族、5日分のお弁当を作る場合です。

週末 おかずを選んで作りおき

メインおかず

A
ヘルシー
鶏もも肉とブロッコリーの
ソテー➡P40

B
変身
豚こまミートボール
➡P49

C
変身
牛肉のプルコギ炒め
➡P65
★水曜日に作り足す

> ＼こんなアイデアも／
>
> **メインはちょこちょこ冷凍しても**
>
> 毎日ちがうおかずを食べたい人は、メインおかずを少しずつ冷凍しておくと◎。何のおかずか必ず書いておきましょう。

サブおかず

D
ラクラク
かぼちゃのひじき炒め
➡P110

E
おしゃれ
紫キャベツの
ペッパーレモンマリネ
➡P121

F
長持ち
小松菜のごま山椒あえ
➡P135

G
ラクラク
玉ねぎとコンビーフの卵炒め
➡P144
★水曜日に作り足す

主食・すきま

- ご飯は1人分ずつラップに包んで冷凍しておく
- おにぎりやパンも冷凍可（➡P176～）
- すきまは、プチトマトやゆで野菜など好みのものを用意する（➡すきまのヒントP34ほか）

＼こんなアイデアも／

- 週末のうちに5日分のおかずを弁当箱に詰めてしまって冷凍
- 小さい密閉容器に1人分ずつおかずを詰めて冷凍。朝好きな密閉容器を選んで持っていく
- 盛りつけが面倒なときはとにかくのっけ弁にしてしまう

月 MON

Ⓐ + Ⓓ + Ⓔ

野菜で
カラフル弁当

週の始まりは、彩りのよいおかずを取りそろえて気分よく♪「ヘルシー」で栄養満点。

火 TUE

Ⓑ + Ⓔ + Ⓕ

大人の
から揚げ弁当

ちょっとスパイスの効いたおかずを加えて。から揚げ風ミートボールでボリュームたっぷり。

水 WED

C、Gを作る

Ⓑ + Ⓓ + Ⓕ

アレンジ トマト煮込み

ミートボール
アレンジ弁当

から揚げをトマト味でさっと煮て洋風煮込みにアレンジ。ご飯にのせて盛ってもOK。

木 THU

Ⓒ + Ⓕ + Ⓖ

韓国風
プルコギ弁当

水曜日に作り足したおかずを使って。「変身」ならアレンジが効くので作り足しに便利。

金 FRI

Ⓒ + Ⓓ + Ⓖ

アレンジ のり巻き

プルコギ
アレンジ弁当

プルコギ炒めを具にしてのり巻きにアレンジ。冷凍していた Ⓓ を使って乗り切ります。

17

用途に合わせた お弁当箱の選び方

お弁当箱はサイズや形、材質もいろいろあります。それぞれの特徴を知って、自分に合うものを選びましょう。

【長丸型】
縦10×横16×高さ6cm
750㎖

お弁当箱の定番の形で、材質はいろいろありますが、木製はご飯をしっとり保ってくれるのでおすすめ。密閉性は低いので、持ち歩くときに注意が必要です。

【丸型】
直径15×高さ6cm
450㎖

丸型は形がかわいらしく、容量が小さめのお弁当箱です。小食の方や、おしゃれなお弁当を作りたい方におすすめ。おかずをご飯にのせたのっけ弁にも。

【長角型】
縦11×横17×高さ7cm
800㎖

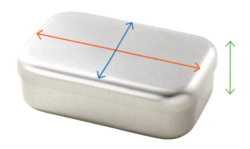

たっぷり食べたい人におすすめのお弁当です。アルミ製は深さがあるので、おかずをたっぷり入れたり、すきま食材を使って、おかずが寄るのを防止して。

【二段型】
縦7×横18×高さ9cm
650㎖

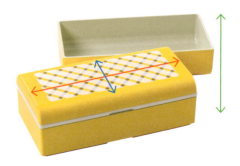

プラスチックで、密閉性が高いものがほとんど。1段目にご飯、2段目におかずと分けて入れられるので、あまり考えなくても詰めやすいのがポイント。

【小さい保存容器】

フルーツやデザートを入れるのにちょうどいいサイズ。おかずを1品だけ持っていきたいときなども重宝します。

【スープジャー】

長時間保温できるので、お昼に温かいものが食べられます。リゾットやパスタなど主食も入れられます（→P186）。

これでバッチリ！お弁当の詰め方

詰める順番に気をつければ、片側に寄らないお弁当が完成！ 全体のバランスはすきま食材で調節します。

1 ご飯を詰める

ご飯はお弁当箱の半分を占めるので、中で動かないように最初にきっちり詰めて、冷ましておく。

2 形が決まっているおかずを詰める

形が決まっているおかず、カップに入ったおかずを詰めます。メインおかずはよく見えるように詰めて。

3 形を動かせるおかずを詰める

空いたところに形を動かせるおかずを詰めます。見た目のバランスや量も考えて調整します。

4 すきま食材で調整する

すきまがあれば、ゆでブロッコリーなどで調整します。ふりかけや漬けものなども最後に盛って。

おいしく見える 詰め方アイデア

詰めるときにちょっとひと工夫すると、見栄えがぐっとよくなります。ご飯とおかずのポイントを説明します。

ご飯のアイデア

ご飯とおかずを 横並びにする

ご飯を細長く詰めると、お惣菜屋さんのお弁当のように、ととのった盛りつけになります。おかずを盛るときの幅が少ないので、端から詰めるだけでOK。

POINT!

しゃもじで整えて

ご飯をきっちり詰めないと、キレイに横並びに見えないので、しゃもじの裏側で整えます。

おかずを全部 ご飯にのせる

ご飯をお弁当箱一面に詰め、おかずを上にのせてのっけ弁にすると、にぎやかな印象に。ご飯の上に何かかけておくと、すきまが出ても気になりません。

POINT!

ご飯にのりをはさんでも

ご飯の間に味つきののりや、ふりかけなどをはさんでおくと、最後までおいしく食べられます。

POINT!

ご飯は 多めに入れて

持ち歩いたときにおかずが寄らないよう、ご飯は多めに。お弁当箱の上から1cmまで入れて。

ご飯を斜めに詰める

ご飯を斜めに詰めるだけで、ちょっとおしゃれな印象になります。斜めラインに沿って入れやすいおかずを先に詰めましょう。

POINT!

おかず面は なだらかに

ご飯を詰めるときに、おかずに接する面を下り坂にしておくと、おかずが盛りやすいです。

おかずのアイデア

AFTER

BEFORE

串に刺す

肉団子などのひと口大のおかずは、串に刺すことで食べやすく、見た目もかわいらしくなります。短めの竹串を選べば、子どもにもぴったりです。

カップに入れる

カップは仕切りの役割が主ですが、彩りにも役立ちます。カラフルなものや、模様が書いてあるものまでさまざまあるので、好みのものを取りそろえて。

POINT!

カップの使い分け

シリコン製は何度も使え、電子レンジもOK。オーブンで作るレシピにはアルミ製を。ただし、電子レンジはNGです。

POINT!

使いやすい長さの串を

いろいろな串がありますが、お弁当箱に詰めるには7〜8cmくらいの串がぴったりです。

AFTER

切り分ける

大きめのおかずをそのままどーんと盛ってボリュームを出すのもよいですが、切って断面を見せると、食べやすくおいしそうに見えます。

BEFORE

魚をほぐす

焼き魚をほぐしてご飯にのせるだけで、のっけ弁風に。魚は骨を取るとかなり食べやすくなるので、食べる時間が少ない人や、子どもにもおすすめです。

BEFORE

AFTER

この本の使い方

この本はメインおかず、サブおかず、主食のレシピで構成しています。
自由に組み合わせて、自分好みのお弁当を作りましょう。

● タイプで選べる（→P12）　　● 食材で選べる　　● おすすめ組み合わせおかず（→P12）

● 味アイコンで選べる（→P13）

❶ 調理時間

調理にかかる時間のめやすです。乾物をもどす、漬けるなどの調理の待ち時間については、「＋漬け時間ひと晩」などと記しています。

❷ 保存期間

料理の冷蔵、冷凍の保存期間のめやすです。

❸ ミニコラムを活用して

● 食材チェンジ
材料を変更する場合の分量を紹介しています。

● 味チェンジ
味つけを変更する場合の分量を紹介しています。

● アレンジ
アレンジ、リメイクのアイデアを紹介しています。

● 調理のコツ　作りおきならではの調理のコツを紹介しています。

● 詰め方のコツ　お弁当箱に詰めるときのコツを紹介しています。

お弁当の人気おかず

お弁当にぴったりの作り方で、5つのメインおかずを紹介。
1つのおかずに3つのバリエがついているので、
1つのレシピをベースに、いろいろな味がたのしめます。

鶏のから揚げ

大人気のメインおかずをお弁当用に冷めてもおいしいレシピにしました。
時間がたっても中はしっとり、衣はカリカリのまま♪

[詰め方のコツ]

ご飯をおかずの方に向かって坂になるように詰めて。から揚げが盛りやすく、主役としてしっかり目立ってくれます。

● すきま食材
しば漬け

● サブおかず
ブロッコリーとちくわの酢みそあえ
→P116

● サブおかず
パプリカのかくやあえ
→P104

大人も子どもも
大好きなおかず

● 主食
ご飯&黒いりごま

材料 (5～6人分)

鶏もも肉…………2枚(500g)
A　しょうゆ………大さじ4
　　酒………………大さじ3
　　おろししょうが…大さじ1
片栗粉、揚げ油………各適量

作り方 (⏱20分+漬け時間60分)

1 鶏もも肉は食べやすい大きさに切り、Aをもみ込む。

2 1に1切れずつていねいに片栗粉をまぶし、バットに並べて冷蔵庫で休ませる(60分)。

3 フライパンに揚げ油を深さ3cmほど入れて熱し、170℃になったら2を入れて3分ほど揚げる。上下を返し、さらに3分ほど揚げ、一度取り出して油をきる。

4 揚げかすを取り除き、再び170～180℃くらいに熱して3を戻し入れ、カラッとするまで2分ほど揚げて油をきる。

冷蔵	冷凍
3日	1か月

しょうゆ味

バリエ **1**

かけるだけでラクラク
ハニーマヨ から揚げ

冷蔵	冷凍
2日	×

甘酸っぱい

材料 (1人分)

鶏のから揚げ…………1人分(3個)
A　マヨネーズ…………大さじ1
　　はちみつ……………小さじ1

作り方 (⏱1分)

1 Aを混ぜ合わせ、鶏のから揚げにかける。

バリエ **2**

中華風に変身
ねぎ酢だれ から揚げ

冷蔵	冷凍
2日	×

さっぱり

材料 (1人分)

鶏のから揚げ…………1人分(3個)
A　長ねぎ(みじん切り)……大さじ1
　　酢…………………小さじ1
　　塩…………………ふたつまみ

作り方 (⏱3分)

1 Aを混ぜ合わせ、鶏のから揚げにかける。

バリエ **3**

フライドチキン風
から揚げの カレー炒め

冷蔵	冷凍
3日	×

スパイシー

材料 (1人分)

鶏のから揚げ…………1人分(3個)
A　カレー粉…………小さじ1/2
　　塩、砂糖…………各ふたつまみ
サラダ油……………大さじ1/2

作り方 (⏱10分)

1 フライパンにサラダ油を熱し、鶏のから揚げを強火でさっと炒める。

2 Aを加えて手早くからめる。

牛肉の野菜巻き

冷めてもかたくなりにくい、牛肉を使って肉巻きを作ります。
豆苗なら細めに巻けるので、お弁当で食べやすいサイズになります。

[詰め方のコツ]

卵焼きはしっかり固いので、ご飯とおかずの間に入れると仕切り代わりになります。肉巻きは断面を見せるように盛ります。

● **サブおかず**

ほうれん草と
切り干し大根の
ごまみそあえ
→ P123

● **サブおかず**

紅しょうがの卵焼き
→ P34

● **主食**

ご飯＆梅干し

甘辛な味つけで
ご飯がすすむ

材料 (5〜6人分)

牛ロース薄切り肉（すき焼き用）
………………12枚（240g）
豆苗………………1パック
A しょうゆ、酒、みりん
│……………各大さじ2
サラダ油………大さじ1/2

作り方 (⏱15分)

1 牛ロース薄切り肉は1枚ずつ広げ、豆苗を等分にのせて巻く。

2 フライパンにサラダ油を中火で熱して、**1**を巻き終わりを下にして並べて焼く。

3 肉の色が変わり、豆苗がしんなりしてきたら、**A**を加えて火を弱める。転がしながら煮つめ、全体に味をからめ、半分に切る。

冷蔵	冷凍
3日	1か月

甘辛

バリエ**1**　薄切り肉でやわらか
豚肉の豆苗巻き

冷蔵	冷凍
3日	1か月

しょうゆ味

材料 (5〜6人分)

豚薄切り肉（しゃぶしゃぶ用）
………………12枚（240g）
豆苗………………1パック
A しょうゆ、酒、みりん
│……………各大さじ2
│白いりごま…………大さじ1
サラダ油……………大さじ1/2

作り方 (⏱15分)

1 牛肉の野菜巻きの作り方**1〜3**と同様に作る。

バリエ**2**　シャキシャキ野菜で
牛肉のにんじん巻き

冷蔵	冷凍
3日	1か月

こっくり

材料 (5〜6人分)

牛ロース薄切り肉（すき焼き用）
………………12枚（240g）
にんじん………………100g
A オイスターソース、酒、みりん
│……………各大さじ2
サラダ油……………大さじ1/2

作り方 (⏱15分)

1 にんじんはせん切りにする。

2 牛肉の野菜巻きの作り方**1**と同様に、牛肉で**1**を巻き、牛肉の野菜巻きの作り方**2**、**3**と同様に作る。

バリエ**3**　焼き肉だれでしっかり味に
牛肉の豆苗巻き焼き肉風味

冷蔵	冷凍
3日	1か月

ピリ辛

材料 (5〜6人分)

牛ロース薄切り肉（すき焼き用）
………………12枚（240g）
豆苗………………1パック
焼き肉のたれ（市販）……大さじ2
サラダ油……………大さじ1/2

作り方 (⏱15分)

1 牛肉の野菜巻きの作り方**1**と同様に作る。

2 牛肉の野菜巻きの作り方**2**、**3**と同様に作り、**A**の代わりに焼き肉のたれで調味する。

鶏つくね

玉ねぎのすりおろしを入れてふわっとした食感のつくねに仕上げました。
串に刺してアレンジもできるので、お弁当に重宝するおかずです。

[詰め方のコツ]

真ん中におにぎりを詰めるとおかずが両側に来るので、新鮮な見栄えに。盛りつけにマンネリしている人におすすめ。

● サブおかず

ピーマンの
ごまナムル
→ P129

● 主食

ゆかりおにぎり
（俵形）

● サブおかず

ベトナム風なます
→ P99

食欲をそそる
照り照り色

● すきま食材

プチトマト

材料 (5〜6人分)

鶏ひき肉 (もも)･･･････300g
玉ねぎ･･･････････････1/4個
ししとう･･･････････････12本
A 溶き卵･････････････1個分
　 片栗粉･･･････････大さじ3
　 塩･･･････････････小さじ1/2
酒･････････････････････大さじ3
B しょうゆ、みりん
　 ･････････････････各大さじ2
サラダ油･･･････････大さじ1/2

作り方 (⏱15分)

1 ししとうはヘタを短く切って竹串で穴を数か所あける。玉ねぎはすりおろしてボウルに入れ、鶏ひき肉、**A**を加えてよく練り混ぜる。手にサラダ油適量 (分量外) を塗り、15等分にして丸める。

2 フライパンにサラダ油を熱し、**1**を中火で両面焼く。

3 こんがりしたらししとうを取り出し、酒を加えて煮立て、ふたをして弱火で3分蒸し焼きにする。

4 **B**を加えたら、強火にして全体にからめる。

冷蔵	冷凍
3日	**1**か月

甘辛

野菜でボリュームアップ
バリエ **1**
鶏つくねと
野菜の炒め煮

冷蔵	冷凍
3日	**1**か月

しょうゆ味

材料 (5〜6人分)

鶏つくねのたね･･･････････全量
ズッキーニ･･･････････････1本
A 水、みりん･･･各大さじ1と1/2
　 めんつゆ (3倍濃縮)･･･大さじ1
サラダ油･････････････大さじ2

作り方 (⏱20分)

1 鶏つくねは15等分にして丸める。

2 フライパンにサラダ油を熱し、**1**と輪切りにしたズッキーニを入れ、中火で両面こんがり焼いて**A**を加え、3分ほど煮る。

中華風の味つけに
バリエ **2**
鶏つくねの
キャベツ煮

冷蔵	冷凍
3日	**1**か月

こっくり

材料 (5〜6人分)

鶏つくねのたね･･･････････全量
キャベツ (せん切り)･･･････200g
A オイスターソース･････大さじ2
　 酒･･･････････････････大さじ1

作り方 (⏱20分)

1 鶏つくねは15等分にして丸める。

2 耐熱容器にキャベツ、**1**をのせて、混ぜ合わせた**A**をかける。ラップをかけて電子レンジ (600W) で5分加熱し、ラップを取って5分加熱する。

つくねがふんわり
バリエ **3**
鶏つくねの
卵とじ

冷蔵	冷凍
3日	✕

甘辛

材料 (1人分)

鶏つくね･････････････････3個
溶き卵･････････････････1個分
みつば (刻む)･･･････････適量
A だし汁･････････････50㎖
　 しょうゆ･･････････小さじ1
　 みりん･････････････小さじ1/2

作り方 (⏱10分)

1 小鍋に**A**を煮立て、鶏つくねを加えて中火でさっと煮る。

2 溶き卵、みつばを加えて、3分ほど煮る。

ハンバーグ

洋風おかずの定番で、子どもから大人まで人気のおかず。
煮込んでソースでコーティングするので、パサつかずおいしいです。

[詰め方のコツ]

ハンバーグのようにメインおかずが茶色のときは、おかずの周りに緑黄色野菜を詰めて、色味を足すのがコツです。

● **主食**

ご飯＆ふりかけ

● **サブおかず**

ほうれん草とマカロニのカップサラダ
→ P123

● **サブおかず**

リボンキャロットラペ
→ P97

● **すきま食材**

ゆでブロッコリー

見た目も味も
ボリュームも満点

材料（5〜6人分）

合いびき肉‥‥‥‥‥‥300g
玉ねぎ（みじん切り）‥‥1/2個分
さやいんげん‥‥‥‥‥12本
A パン粉‥‥‥‥‥1/2カップ
　牛乳‥‥‥‥‥‥‥100㎖
　溶き卵‥‥‥‥‥‥1個分
　塩‥‥‥‥‥‥‥‥小さじ1
　こしょう、ナツメグ
　‥‥‥‥‥‥‥‥‥各少々
B 赤ワイン、水‥‥各100㎖
　トマトケチャップ
　‥‥‥‥‥‥‥‥‥大さじ2
　ウスターソース‥‥大さじ1
　塩、こしょう‥‥‥各少々
塩、こしょう‥‥‥‥‥各少々
サラダ油‥‥‥‥‥‥‥大さじ1

作り方（⏱30分）

1 玉ねぎは耐熱容器に入れてラップをかけ、電子レンジ（600W）で3分加熱する。さやいんげんはヘタを取ってラップに包み、電子レンジ（600W）で2分加熱し、斜め4等分に切る。

2 ボウルに玉ねぎ、**A**、合いびき肉を入れて練り混ぜ、手にサラダ油適量（分量外）を塗り、12等分にして小判形に成形する。

3 フライパンにサラダ油を熱し、**2**を中火で焼く。**1**のさやいんげんも横でさっと炒め、取り出して塩、こしょうをふる。

4 両面こんがりとしたらフライパンの脂をふき、**B**を加えて煮立て、ふたをして弱火で10分ほど煮る。ふたを取って強火で煮つめる。

冷蔵	冷凍
3日	1か月

こっくり

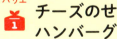

チーズバーガー風！
チーズのせ ハンバーグ

冷蔵	冷凍
3日	×

こっくり

材料（1人分）

ハンバーグ‥‥‥‥‥1人分（2個）
きゅうりのピクルス‥‥‥‥小1個
スライスチーズ‥‥‥‥‥‥‥1枚

作り方（⏱3分）

1 きゅうりのピクルスは、薄切りにする。

2 ハンバーグに**1**とスライスチーズをのせて電子レンジ（600W）で1分加熱する。

甘辛ソースが新鮮
カレーオニオン ハンバーグ

冷蔵	冷凍
3日	×

スパイシー

材料（1人分）

ハンバーグ‥‥‥‥‥1人分（2個）
玉ねぎ（薄切り）‥‥‥‥‥‥1/8個分
A 水‥‥‥‥‥‥‥‥大さじ2
　カレー粉‥‥‥‥‥小さじ1
　はちみつ‥‥‥‥‥小さじ1
サラダ油‥‥‥‥‥‥‥小さじ1

作り方（⏱5分）

1 フライパンにサラダ油を熱し、玉ねぎを中火で炒め、しんなりしたら弱火にし、**A**を加える。電子レンジで温めたハンバーグにかける。

ごま風味が合う
和風煮込み ハンバーグ

冷蔵	冷凍
3日	1か月

しょうゆ味

材料（5〜6人分）

ハンバーグのたね‥‥‥‥‥全量
さやいんげん‥‥‥‥‥‥‥‥12本
A 酒、みりん、水‥‥‥各50㎖
　しょうゆ‥‥‥‥‥大さじ3
　白すりごま‥‥‥‥大さじ2
サラダ油‥‥‥‥‥‥‥大さじ1

作り方（⏱40分）

1 ハンバーグの作り方**1**〜**3**までを同様に作る。

2 **A**を加えて煮立て、ふたをして弱火で10分ほど煮込む。

サーモンフライ

塩焼きもいいですが、フライはお弁当にぴったりのおかずです。
衣に粉チーズを加えて、味と香りをプラスしました。

[詰め方のコツ]

ご飯を詰めるときに真ん中に仕切りのように入れて、いつもと違ったレイアウトに。また、枝豆をのせるとアクセントになります。

● 主食

ご飯&ゆで枝豆

● サブおかず

さつまいもの
マッシュサラダ
→ P113

● サブおかず

プチトマトの
エスニックサラダ
→ P103

チーズが香る
サクサクフライ

材料 (5〜6人分)

生鮭……………………5切れ
塩、こしょう…………各適量
小麦粉、溶き卵………各適量
A パン粉………3/4カップ
   粉チーズ………大さじ3
   ドライパセリ…小さじ2
揚げ油…………………適量

作り方 (⏱30分)

1 生鮭は骨を除きながら1切れを3
つに切り、塩、こしょうをふる。

2 小麦粉をまぶして溶き卵にくぐら
せ、混ぜ合わせた **A** の衣をしっ
かりつける。

3 フライパンに揚げ油を深さ3cm
ほど入れて170℃くらいに熱し、
2 を2分ほど揚げ、上下を返して
さらに2分ほど揚げて、油をきる。

冷蔵	冷凍
3日	**1**か月

塩味

バリエ **1** 衣がカリッと復活
サーモンの
マヨ焼き

冷蔵	冷凍
3日	×

こっくり

材料 (1人分)

サーモンフライ………1人分(2個)
マヨネーズ………………大さじ1
パセリ(みじん切り)……………少々

作り方 (⏱10分)

1 サーモンフライにマヨネーズを塗
り、オーブントースターでこんが
りするまで焼いて、パセリをふる。

バリエ **2** ミニ串揚げに
サーモンと
トマトの串揚げ

冷蔵	冷凍
3日	**1**か月

さっぱり

材料 (5〜6人分)

サーモンフライの材料………半量
プチトマト…………………5個

作り方 (⏱20分)

1 生鮭は1枚を4つに切り、2つをプ
チトマト1個と交互に串に刺す。
同様にあと4本作る。

2 サーモンフライの作り方 **2**、**3** と
同様に揚げる。

バリエ **3** 揚げ油なし!
サーモンの
パン粉焼き

冷蔵	冷凍
3日	**1**か月

こっくり

材料 (5〜6人分)

生鮭………………………5切れ
塩、こしょう……………各適量
サーモンフライの **A**………全量
マヨネーズ………………大さじ1
オリーブ油……………大さじ2

作り方 (⏱15分)

1 生鮭はサーモンフライの作り方 **1**
と同様に作る。

2 オーブントースターに **1** を並べ、
マヨネーズ、**A** をのせてオリーブ
油をかけ、10分焼く。

卵おかずバリエ

忙しい朝でもすぐできる卵のおかずは、すきまに便利です。

\ 卵焼き **きほん** /

冷めてもやわらか！
巻かない卵焼き

材料（1本分）**と作り方** (⏱3分)

1 卵3個は溶きほぐして、塩、砂糖各ふたつまみを混ぜる。

2 卵焼き器にサラダ油大さじ1/2を中火で熱して、**1**を流し入れ、ヘラでゆっくり混ぜながら半熟状にし、奥から1/3を手前に折り、もう1回折る。

3 卵焼き器の奥に寄せ、形を整え、ヘラで押さえながら焼き、上下を返して全体に焼き色をつける。

\ 卵焼き **アレンジ1** /

うまみアップ！
しらすと小ねぎ

材料（1本分）**と作り方**

巻かない卵焼きの材料全量に、しらす干し、小ねぎ（小口切り）各適量を混ぜ、同様に焼く。

\ 卵焼き **アレンジ2** /

彩りにも◎
紅しょうが

材料（1本分）**と作り方**

巻かない卵焼きの材料全量で焼き始め、半熟状になったら紅しょうが大さじ1を真ん中に散らし、同様に焼く。

\ バリエ1 /

うずらの卵で！
カリカリ
ミニ目玉焼き

材料（2個分）**と作り方** (⏱3分)

1 うずらの卵2個は殻の先をキッチンばさみで切り、中身を器に出しておく。

2 フライパンにサラダ油小さじ1を熱して、**1**を入れて弱めの中火でしっかり焼く。黄身まで火が通ったら完成。

\ バリエ2 /

だしの素で味つけOK
いり卵

材料（1個分）**と作り方** (⏱3分)

1 卵1個は溶きほぐして、和風だしの素（顆粒）、砂糖各ひとつまみを混ぜる。

2 小さいフライパンに**1**を入れてから弱めの中火にかけ、菜箸4〜5本でかき混ぜながら、ポロポロになるまで炒る。

\ バリエ3 /

前日にゆでておくと◎
ゆで卵

材料（3個分）**と作り方** (⏱15分)

沸騰した湯に冷蔵庫から出したての卵3個をそっと入れ、強火で12分ゆでる。水にとって冷まし、殻をむく。

輪切り

くし形切り

半分切り

2

メインおかず

4タイプのメインおかずを紹介します。
とにかく早くできるスピード、野菜が摂れるヘルシー、
ご飯に合うのっけ弁、アレンジしやすい変身があります。

 スピード

 ヘルシー

 のっけ弁

 変身

組み合わせ
自由自在

お弁当カタログ

子どもウケ◎弁当

● サブおかず
ほうれん草の
くるみあえ➡P125

● メインおかず
ささみチーズ
ボール➡P46

● サブおかず
焼き野菜の
マリネ➡P107

● プチトマト

● サブおかず
枝豆と
いんげんの
だし漬け➡P172

● メインおかず
牛肉と彩り野菜の
スタミナ炒め➡P69

● 主食 ご飯

豪快焼肉のっけ弁当

● 主食
ロールパン

● 主食
ご飯&おかか&のり

フルーツ杏仁➡P155

● メインおかず
粒マスタード
チキン➡P41

洋風おかずでパン弁当

● サブおかず
フライドハーブポテト➡P139

● サブおかず
アスパラのチーズ焼き➡P127

● メインおかず
ぶりのにんにく
じょうゆ揚げ➡P77

● サブおかず
キャベツと豚肉の
ソース焼きそば風➡P120

● 主食
オムそば
➡P183

オムそば弁当

●プロセスチーズ
●ゆでスナップえんどう
●プチトマト

● サブおかず
ゆで卵
（半分切り）
➡P34

● 主食
ご飯＆梅干し

● サブおかず
トマトと紫キャベツの
エスニックサラダ
➡P103

● 主食
ご飯

● サブおかず
いり卵➡P34

ボリュームばつぐんの魚弁当

● サブおかず
にんじんとアスパラの
チーズあえ➡P99

● メインおかず
ジャーマンポテト➡P70

●フリルレタス

● 主食
フランスパン

● メインおかず
ひき肉の
高菜炒め➡P63

●ゆでオクラ

簡単サンドイッチ弁当

3色彩り弁当

● 主食
ご飯＆白いりごま＆
刻みたくあん

● メインおかず
鮭のしっとり塩焼き
➡P73

● サブおかず
れんこんと桜えびの
きんぴら➡P149

● サブおかず
ほうれん草の
チーズソテー➡P136

定番の鮭弁当

牛肉カツのっけ弁当

● メインおかず
ミルフィーユ牛カツ
→P67

● サブおかず
パプリカとエリンギの
ピクルス→P107

● 主食　ご飯

● ちくわきゅうり

● 主食
おにぎらず
→P179

おにぎらず弁当

● サブおかず
パプリカとほうれん草の
ナムル→P105

● 主食
ご飯＆黒いりごま

● ゆで枝豆

メイン2個のボリューム弁当

● サブおかず　ひと口焼きコロッケ→P137

● メインおかず
鶏肉のピリ辛照り焼き→P41

● メインおかず
いかのカレー
ピカタ→P87

手まりおにぎり弁当

● 主食
手まりおにぎり
→P177

● サブおかず
ほうれん草の
ピリ辛ナムル
→P136

● メインおかず
豚肉の塩から揚げ
→P51

● サブおかず
こんにゃくとたけのこの
めんつゆ煮→P171

● レモン

● サブおかず
焼きプチトマトの
ゆずこしょうマリネ
→P103

● サブおかず
ブロッコリーと
ザーサイのナムル
→P114

● 主食
ご飯＆ふりかけ

● メインおかず
たらのソテー
スイートチリソース
→P78

エスニック風たらのソテー弁当

ケチャップミンチでオムライス風

● サブおかず
紫玉ねぎの
ハーブサラダ
→P145

●ゆでブロッコリー

● 主食
● メインおかず
ケチャップミンチ
→P62

ご飯に混ぜていり卵
(→P34)をのせてケチ
ャップをかける。

洋風おしゃれ弁当

● サブおかず
かぼちゃの
ハニーナッツあえ
→P137

● サブおかず
焼きズッキーニと
パプリカのサラダ
→P133

● メインおかず
えびのパセリバターソテー→P89

● 主食
ベーコン＆ブロッコリーの
混ぜご飯→P178

ヘルシー青菜シューマイ弁当

● メインおかず
青菜シューマイ→P62

● 主食
えびとプチトマトの混ぜご飯→P178

● サブおかず　巻かない卵焼き→P34

● サブおかず
キャベツとお揚げのポン酢あえ→P118

鶏もも肉

ピンク色でハリのあるものを選んで。
余分な脂肪やすじは取り除いておくと、口あたりがよくなります。

スピード

| 冷蔵 | 冷凍 |
| 3日 | 1か月 |

こっくり

ケチャップにポン酢のソースがおいしい
チキンのピザ焼き

材料 (5〜6人分)

鶏もも肉‥‥‥‥‥‥2枚(500g)
ピーマン‥‥‥‥‥‥‥‥‥1個
玉ねぎ‥‥‥‥‥‥‥‥‥1/4個
ピザ用チーズ‥‥‥‥‥‥70g
塩‥‥‥‥‥‥‥‥‥小さじ1/2
こしょう‥‥‥‥‥‥‥‥‥少々
Ⓐトマトケチャップ
　　　　　　　　　　大さじ3
　ポン酢しょうゆ‥小さじ1
オリーブ油‥‥‥‥大さじ1/2

作り方 (⏱15分)

1 鶏もも肉は身側に5mm間隔で浅く切り込みを入れ、塩、こしょうをふる。

2 ピーマンはヘタと種を除いて薄い輪切り、玉ねぎは薄切りにする。

3 フライパンにオリーブ油を熱し、1の鶏肉を中火で皮目から焼く。焼き色がついたら返して焼く。再度返して、身側に合わせたⒶを塗る。玉ねぎ、チーズ、ピーマンをのせてふたをし、チーズが溶けるまで、弱火で蒸し焼きにする。

ヘルシー

| 冷蔵 | 冷凍 |
| 3日 | 1か月 |

塩味

鶏肉ふっくら♪シンプルソテー
鶏もも肉とブロッコリーのソテー

材料 (5〜6人分)

鶏もも肉‥‥‥‥大1枚(300g)
ブロッコリー‥‥‥‥‥大1株
Ⓐオリーブ油‥‥‥‥大さじ1
　塩‥‥‥‥‥‥‥‥小さじ1/2
　水‥‥‥‥‥‥‥‥‥‥70㎖
塩、こしょう‥‥‥‥‥各適量

🍳 味チェンジ
塩、こしょう各適量
➡ ハーブ塩適量で風味を

作り方 (⏱15分)

1 鶏もも肉は2cm角に切り、塩、こしょう各少々をふる。ブロッコリーは小房に分け、粗く刻む。

2 フライパンに1を入れてⒶを加え、平らにならしてふたをし、強火にかける。

3 煮立ってきたら全体を混ぜ、ふたをして、中火で3分ほど蒸し煮にする。

4 汁けがなくなってきたら、ふたをはずして強火にし、全体を混ぜながら少しこんがりするまで炒め、肉に火を通し、塩、こしょうで味を調える。

黒ごまが
香ばしい
**さつまいもの
はちみつあえ**
→ P112

こんがり
チーズが美味
**ズッキーニの
チーズピカタ**
→ P133

腹持ち
ばつぐん♪
**ごぼうとパスタの
デリサラダ**
→ P157

甘辛だれに七味がひと味プラス
鶏肉のピリ辛照り焼き

材料 (5〜6人分)

鶏もも肉…………2枚(500g)
小麦粉………………………適量
Ⓐ しょうゆ、酒、みりん
　　………………各大さじ2
　│砂糖、酢………各小さじ1
　└七味唐辛子…………適量
サラダ油…………大さじ1/2

作り方 (⏱15分)

1. 鶏もも肉は1.5cm幅に細長く切り、小麦粉を薄くまぶす。

2. フライパンにサラダ油を熱し、**1**を皮目を下にして並べ、強めの中火で焼く。皮がこんがりしたら上下を返し、弱火にして中まで火を通す。

3. フライパンの脂をふき、Ⓐを加えて煮立て、照りが出るまで煮からめる。

 食材チェンジ

鶏もも肉500g
➡ ぶり(切り身)500g

冷蔵	冷凍
4日	**1**か月

ピリ辛

のっけ弁

マスタードでピリッとさわやかな味わいに
粒マスタードチキン

材料 (5〜6人分)

鶏もも肉………大1枚(300g)
マッシュルーム………10個
塩………………小さじ1/3
こしょう………………少々
小麦粉………………適量
白ワイン…………大さじ3
Ⓐ粒マスタード……大さじ3
　│しょうゆ…………大さじ1
オリーブ油…………大さじ1

作り方 (⏱15分)

1. 鶏もも肉は4等分に切って塩、こしょうをふり、小麦粉を全体に薄くまぶす。

2. フライパンにオリーブ油を熱し、**1**を皮目を下にして並べ、中火で焼く。マッシュルームは半分に切って横で炒める。

3. 皮がこんがりしたら上下を返し、白ワインを加えて煮立て、弱火にしてふたをし、8分ほど蒸し焼きにして中まで火を通す。

4. Ⓐを加えて火を強め、軽く煮つめて全体にからめる。

🦐🐙 アレンジ

食べやすく切って、サラダ菜などの野菜といっしょにバターロールにはさむ。

冷蔵	冷凍
4日	**1**か月

さっぱり

変身

41

鶏むね肉

脂肪が少なく、あっさりとした味わい。光沢があり、透明感のあるものが良品。
調味料に漬けたり、小麦粉をまぶしてから焼くとパサつきにくくなります。

スピード

冷蔵	冷凍	
3日	1か月	塩味

生ハムとバジルで作るお手軽イタリアン

鶏肉のサルティンボッカ

材料 (5〜6人分)

鶏むね肉…………2枚(500g)
生ハム……………………8枚
バジル……………………8枚
塩………………………小さじ1/4
小麦粉……………………適量
Ⓐ 白ワイン…………大さじ2
│ バター………………15g
オリーブ油…………大さじ1

作り方 (⏱15分)

1. 鶏むね肉は皮を取り除いて浅く切り込みを入れ、包丁の背でたたいてのばし、半分に切る。

2. 1の1切れに塩をふり、バジル2枚をのせ、上に生ハム2枚をずらすようにして重ねる。残りも同様に作り、小麦粉を薄くまぶす。

3. フライパンにオリーブ油を熱し、2を生ハム側を下にして並べ、中火で両面をカリッと焼き、Ⓐを加えて、軽く煮つめる。

🥦🥕 食材チェンジ

生ハム8枚
➡ スライスチーズ4枚

ヘルシー

冷蔵	冷凍	
3日	1か月	こっくり

甘酸っぱいトマトと合わせてさっぱり味に

チキンのトマト炒め

材料 (5〜6人分)

鶏むね肉………大1枚(300g)
プチトマト……………16個
塩、こしょう…………各少々
小麦粉……………………適量
Ⓐ トマトケチャップ、
│ 白ワイン……各大さじ2
│ ウスターソース
│ ………………大さじ1/2
イタリアンパセリ………適量
オリーブ油…………大さじ1

作り方 (⏱15分)

1. 鶏むね肉はひと口大に切って塩、こしょうをふり、小麦粉を薄くまぶす。

2. フライパンにオリーブ油を熱し、1を皮目を下にして並べ、中火で両面焼く。

3. 焼き色がついてきたら、ヘタを取ったプチトマトを加えて焼く。

4. トマトがしんなりしてきたらⒶを加え、軽く煮つめ、ざく切りにしたイタリアンパセリを散らす。

🫘🐙 アレンジ

ピザ用チーズをのせてトースターでこんがりと焼き、ミニグラタン風に。

こっくり満足の
チーズ風味
**アスパラの
キッシュ**
➡ P108

甘辛く
煮詰めた
**かぼちゃの
ひじき炒め**
➡ P110

ほっくり食感が
よく合う
**ごろごろ
ポテトサラダ**
➡ P138

のっけ弁

みそ味なら、冷めてもおいしい
チキンみそカツ

材料 (5〜6人分)

鶏むね肉‥‥‥‥‥2枚 (500g)
みそ‥‥‥‥‥‥‥‥大さじ3
パン粉、パセリ (みじん切り)
‥‥‥‥‥‥‥‥‥‥‥各適量
Ⓐ 卵‥‥‥‥‥‥‥‥‥‥2個
　 小麦粉‥‥‥‥‥‥大さじ5
　 サラダ油‥‥‥‥‥大さじ1
　 塩‥‥‥‥‥‥‥小さじ2/3
　 こしょう‥‥‥‥‥‥少々
揚げ油‥‥‥‥‥‥‥‥‥適量

食材チェンジ
鶏むね肉2枚
➡ 豚ロース厚切り肉2枚

作り方 (🕐15分＋漬け時間10分)

1 鶏むね肉は1枚を6切れのそぎ切りにして、みそをからめて漬ける (10分)。パン粉にパセリを混ぜ、Ⓐは混ぜておく。

2 1の鶏肉をⒶにくぐらせ、1のパン粉をまぶす。

3 170℃の揚げ油で2を、3〜4分ほどカラッと揚げる。

冷蔵	冷凍
3日	1か月

みそ味

変身

すりごまをたっぷりまとわせてコク深く
ごま鶏

材料 (5〜6人分)

鶏むね肉‥‥‥‥‥2枚 (500g)
Ⓐ 酒‥‥‥‥‥‥‥‥120㎖
　 しょうゆ‥‥‥‥‥大さじ2
白すりごま‥‥‥‥‥大さじ4

作り方 (🕐20分)

1 鶏むね肉はひと口大のそぎ切りにする。

2 フライパンにⒶを入れて混ぜ、1を入れて平らにならし、いったん煮立ててアルコールをとばし、弱火にしてふたをし、10分ほど蒸し煮にする。

3 肉に火が通ったら、ふたを取って強火にし、汁けがほとんどなくなったら火を止め、白すりごまを混ぜる。

アレンジ
鶏肉を細かく裂いて、ゆでた青菜としょうゆ少々とあえてごまあえに。

冷蔵	冷凍
3日	1か月

しょうゆ味

43

鶏ひき肉

牛、豚のひき肉に比べて、クセがなく、合わせる素材や味つけを選びません。
脂肪少なめで、汁けが出ていないものを選びましょう。

スピード

そぼろにきのこを加えて食感よく

鶏ひき肉のレンチンみそ煮

材料 (5〜6人分)

鶏ひき肉(もも)………… **250g**
えのきだけ……………1袋
しいたけ………………5枚
Ⓐ しょうが(みじん切り)
　　………………… 大さじ1
　│ みそ…………… 大さじ2
　│ 酒、みりん…… 各大さじ2
　│ 片栗粉………… 大さじ1

作り方 (⏱10分)

1 えのきだけは2cm長さに切り、し
いたけは薄切りにする。

2 耐熱容器に鶏ひき肉、Ⓐを入れ
てよく混ぜ、1を加えてさらに混
ぜる。

3 ラップをかけて電子レンジ(600W)
で3分加熱し、いったん取り出し
て全体をよく混ぜ、ラップをせず
にさらに4分加熱する。

 味チェンジ
みそ大さじ2
➡ トマトケチャップ大さじ4で洋風

冷蔵	冷凍	みそ味
3日	1か月	

ヘルシー

豆腐が入ってふんわり、やわらか

豆腐のお焼き

材料 (5〜6人分)

鶏ひき肉(もも)………… **150g**
木綿豆腐…………1丁(300g)
グリーンアスパラガス…4本
Ⓐ 片栗粉………… 大さじ5
　│ みそ……… 大さじ1と1/2
　│ 溶き卵…………1個分
酒…………………… 大さじ1
しょうゆ………… 大さじ1強
サラダ油………… 大さじ1

作り方 (⏱20分)

1 ボウルにⒶを入れて混ぜ、木綿
豆腐を手でつぶし入れて混ぜ、鶏
ひき肉も加えてよく練り混ぜる。

2 手にサラダ油適量(分量外)を塗
って1を10等分にして丸めて平
らにし、サラダ油を熱したフライ
パンに並べ、中火で焼く。

3 両面がこんがりしたら、斜め切り
にしたグリーンアスパラガス、酒
を加えて弱火にし、ふたをして10
分ほど蒸し焼きにする。

4 火が通ったら火を止め、しょうゆ
を全体にからめる。

味チェンジ
しょうゆ大さじ1強
➡ バター小さじ1、ポン酢しょうゆ
大さじ1でコクうま

冷蔵	冷凍	しょうゆ味
3日	1か月	

桜えびを
香ばしく炒めた
**れんこんと桜えびの
きんぴら**
➡P149

レモン汁で
さっぱり
**焼きねぎの
タイ風サラダ**
➡P151

酸味を
効かせた
**ミックスビーンズの
粒マスタードマリネ**
➡P165

のっけ弁

ご飯に合うエスニック常備菜
ガパオそぼろ

材料 (5～6人分)

鶏ひき肉······················300g
玉ねぎ·······················1/2個
赤ピーマン····················1個
にんにく······················1片
赤唐辛子(小口切り)······2本分
Ⓐ オイスターソース
　　　　　　　　·············大さじ2
　　ナンプラー、水
　　　　　　·············各大さじ1
　　砂糖············大さじ1/2
バジル·····················15枚
サラダ油··············大さじ1

作り方 (⏱15分)

1 玉ねぎ、ヘタと種を除いた赤ピーマンは1cm角に切る。にんにくはみじん切りにする。

2 フライパンにサラダ油、にんにく、赤唐辛子を入れて弱火にかけ、香りが立ったら、鶏ひき肉、玉ねぎを加えて中火で炒める。

3 肉の色が変わったら、赤ピーマンと**Ⓐ**を加えて炒め合わせ、火を止めてバジルをちぎって加え、さっと混ぜる。

冷蔵	冷凍
3日	1か月

ピリ辛

変身

ひき肉を丸めて揚げた新顔メニュー
鶏ひき肉のさつまあげ風

材料 (5～6人分)

鶏ひき肉(もも)··········200g
はんぺん························1枚
ごぼう(ささがき)··········30g
にんじん(ささがき)········30g
塩····················ふたつまみ
揚げ油·····················適量

作り方 (⏱20分)

1 ポリ袋にはんぺんを入れ、手でもんでなめらかになるまでつぶし、ボウルに入れて鶏ひき肉、塩を加え、よく練り混ぜる。

2 **1**にごぼう、にんじんを混ぜ、手にサラダ油適量(分量外)を塗って15等分にして丸める。

3 160℃の揚げ油で**2**を2分半ほどカラッと揚げる。

📞🦐 アレンジ

食べやすく切って、長ねぎとともにめんつゆで煮て、卵でとじて丼に。ご飯で挟んでおにぎらずに。

冷蔵	冷凍
3日	1か月

塩味

45

鶏ささみ

下味をつけて多めの油で調理すると、パサつかず、作りおき向きのおかずに。
肉縮みの原因になるすじは、あらかじめ取り除いておきましょう。

スピード

絞り出して作るコクうま鶏だんご
ささみチーズボール

材料 (5〜6人分)

鶏ささみ	5本
Ⓐ 粉チーズ	大さじ2
酒	大さじ1
片栗粉	小さじ2
塩	小さじ1/2
こしょう	少々
サラダ油	大さじ1

作り方 (⏱15分)

1. 鶏ささみはすじを取って細かくちぎり、ポリ袋に入れてⒶを加えて袋の口を閉じてよくもみ混ぜる。
2. 袋の角を切ってひと口大ずつ絞り出して形を整え、サラダ油を熱したフライパンに入れる。転がしながら中火で表面に焼き色をつけ、弱火にしてふたをして火が通るまで焼く。

 味チェンジ
粉チーズ大さじ2
➡ カレー粉小さじ2でスパイシー

冷蔵	冷凍	
3日	1か月	こっくり

ヘルシー

野菜シャキシャキ♪彩りもバッチリ
ささみとキャベツの春巻き

材料 (5〜6人分)

鶏ささみ	3〜4本
キャベツ	1と1/2枚
にんじん	1/4本
塩、こしょう	各少々
春巻きの皮	10枚
Ⓐ 小麦粉、水	各適量
しょうゆ、練り辛子	好みで各適量
揚げ油	適量

作り方 (⏱20分)

1. 鶏ささみはすじを取ってそぎ切りにし、塩、こしょうをふる。キャベツ、にんじんはせん切りにする。
2. 春巻きの皮1枚に10等分にした **1** をのせて包み、巻き終わりに混ぜ合わせた Ⓐ を塗ってとめる。
3. 170℃の揚げ油で **2** をカラッと揚げる。食べるときに好みでしょうゆ、練り辛子をつける。

 食材チェンジ
キャベツ1と1/2枚
➡ さやいんげん10本

冷蔵	冷凍	
3日	1か月	さっぱり

コクのある
マヨ味
**アスパラの
たらマヨ炒め**
→P126

パンチの効いた
辛さ
**わかめの
キムチ炒め**
→P168

ヘルシーで
彩りも◎
**しらたきの
トマト煮**
→P171

ケチャップだれでこっくり中華味

ささみのえびチリ風

材料（5～6人分）

鶏ささみ………………5本
ピーマン………………2個
玉ねぎ………………1/2個
小麦粉………………適量
Ⓐ トマトケチャップ
　………………大さじ4
　酒………………大さじ2
　オイスターソース
　………………大さじ1
　おろししょうが、豆板醤
　………………各小さじ1
サラダ油…………大さじ1

作り方（⏱15分）

1. 鶏ささみはすじを取ってそぎ切りにし、小麦粉を薄くまぶす。ヘタと種を除いたピーマンは細切り、玉ねぎは薄切りにする。

2. フライパンにサラダ油を熱し、ささみを入れて中火で両面焼き、ピーマン、玉ねぎを加えて炒め合わせる。

3. 野菜がしんなりしたら、合わせたⒶを加えて炒め合わせる。

のっけ弁

冷蔵 **3日** ｜ 冷凍 **1か月**　　甘辛

コーンフレークでサクサク衣に

ささみのクリスピーチキン

材料（5～6人分）

鶏ささみ………………5本
塩、こしょう………各少々
コンソメスープの素（顆粒）
　………………小さじ1/2
コーンフレーク………適量
Ⓐ 溶き卵………………1個分
　牛乳………………80㎖
　小麦粉（ふるう）………80g
トマトケチャップ
　………………好みで適量
揚げ油………………適量

作り方（⏱20分）

1. 鶏ささみはすじを取り、縦、横それぞれ半分に切り、塩、こしょう、コンソメスープの素をまぶす。

2. コーンフレークは厚めのポリ袋に入れ、袋の上からめん棒を転がして粗く砕く。

3. **1**を合わせたⒶにくぐらせて**2**の袋に入れてコーンフレークをまぶし、170℃の揚げ油でカラッと揚げる。食べるときに好みでトマトケチャップをつける。

📞🐙 **アレンジ**
玉ねぎ、めんつゆ、溶き卵で煮たものをご飯にのせて、カツ丼風に。

変身

冷蔵 **3日** ｜ 冷凍 **1か月**　　塩味

メインおかず

豚こま切れ肉

さまざまな部位が混ざった、安価でお得な肉。きれいなピンク色の肉を選んで。
切らずにそのまま焼いたり、ひき肉のように丸められるので、使い勝手ばつぐん！

スピード

冷蔵	冷凍	
3日	1か月	みそ味

焼き肉のたれで味つけ簡単
スタミナ回鍋肉（ホイ コー ロー）

材料 (5〜6人分)

豚こま切れ肉…………300g
キャベツ…………………2枚
ピーマン…………………2個
🅰 焼き肉のたれ (市販)
　┃…………………大さじ4
　┃みそ……………大さじ1
　┃おろしにんにく…小さじ1
ごま油……………大さじ1

作り方 (⏱10分)

1. キャベツ、ヘタと種を除いたピーマンはひと口大に切る。
2. フライパンにごま油を熱し、豚こま切れ肉を中火で炒める。
3. 肉の色が変わったら、**1**を加えて炒め合わせ、野菜がしんなりしたら、合わせた🅰を加えて炒め合わせる。

🥦🥕 **食材チェンジ**

豚こま切れ肉300g
➡ 鶏むね肉300g

ヘルシー

冷蔵	冷凍	
3日	1か月	しょうゆ味

甘辛味と山椒の香りが食欲をそそる
豚肉とれんこんの山椒きんぴら

材料 (5〜6人分)

豚こま切れ肉…………300g
れんこん…………………7cm
にんじん………………1/4本
酒…………………小さじ1
塩…………………………少々
🅰 めんつゆ (3倍濃縮)
　┃…………………大さじ4
　┃白いりごま……大さじ1
　┃粉山椒…………小さじ1/4
ごま油……………大さじ1

作り方 (⏱15分)

1. 豚こま切れ肉は酒、塩をふってもみ込む。
2. れんこんは5mm幅のいちょう切りにし、酢水 (分量外) にさらして水けをきる。にんじんは5mm幅のいちょう切りにする。
3. フライパンにごま油を熱して**1**を中火で炒め、肉の色が変わってきたら**2**と🅰を加えて、炒め合わせる。

🥦🥕 **食材チェンジ**

豚こま切れ肉300g
➡ 牛こま切れ肉300g

ボリューム◎の
お弁当にするなら
**じゃがいもの
スペイン風オムレツ**
➡P108

食感たっぷりの
たこを添えて
**ブロッコリーと
たこのペペロンチーノ**
➡P116

ふんわり豆腐の
甘辛味
**豆腐としししとうの
照り焼き**
➡P165

のっけ弁

シンプルなピリ辛しょうゆ味
豚肉のピリ辛漬け焼き

材料 (5〜6人分)

豚こま切れ肉…………**400g**
Ⓐ 赤唐辛子(小口切り)
　　………………1/2本分
　しょうゆ、酒、ごま油
　　…………………各大さじ2
　みりん……大さじ1と1/2
　片栗粉…………小さじ1

作り方 (🍳10分＋漬け時間30分)

1️⃣ ボウルにⒶを混ぜ合わせ、豚こ
ま切れ肉を入れて冷蔵庫で漬け
る(30分)。

2️⃣ 油をひかずにフライパンを熱し、
1を漬け汁ごと入れて汁けがなく
なるまで中火で炒める。

味チェンジ

赤唐辛子(小口切り)1/2本分
➡青じそ(せん切り)4枚分でさっ
ぱり&さわやか

冷蔵	冷凍
3日	**1か月**

ピリ辛

変身

こま切れ肉を丸めて作るさっぱり団子
豚こまミートボール

材料 (5〜6人分)

豚こま切れ肉…………**300g**
玉ねぎ………………1/1個
Ⓐ 片栗粉…………大さじ2
　酒………………大さじ1
　おろししょうが…小さじ1
　塩…………小さじ1/4
　こしょう…………少々
片栗粉………………適量
酒…………………大さじ1
サラダ油…………大さじ1

作り方 (🍳15分)

1️⃣ 豚こま切れ肉はざくざく包丁を入
れて粗めに切る。玉ねぎはみじん
切りにする。

2️⃣ ボウルに豚肉、Ⓐを入れてよく混
ぜ、玉ねぎを加えて混ぜ合わせ
る。ひと口大にしてぎゅっと丸め、
片栗粉を薄くまぶす。

3️⃣ フライパンにサラダ油を熱し、**2**
を入れて転がしながら中火で表面
をこんがり焼き、酒を加えてふた
をして弱火で5分ほど蒸し焼きに
する。

アレンジ

カットトマト缶、トマトケチャップな
どと煮て、トマト煮に。

冷蔵	冷凍
3日	**1か月**

塩味

メインおかず（豚こま切れ肉）

スピード

せん切りしょうががしっかり香る

豚肉の甘辛しょうが煮

材料 (5〜6人分)

豚こま切れ肉‥‥‥‥‥**300g**
しょうが‥‥‥‥‥‥‥‥‥1片
Ⓐ 水‥‥‥‥‥‥‥‥‥‥300㎖
　めんつゆ（3倍濃縮）
　‥‥‥‥‥‥‥‥‥大さじ4
　砂糖‥‥‥‥‥‥‥‥大さじ1
サラダ油‥‥‥‥‥‥大さじ1/2

作り方 (⏱15分)

1 しょうがはせん切りにする。

2 鍋にサラダ油を熱し、豚こま切れ肉、**1**を中火で炒める。

3 肉の色が変わったら、合わせたⒶを加えて、ときどき混ぜながら汁けがなくなるまで煮る。

冷蔵	冷凍	
3日	**1**か月	甘辛

 味チェンジ

しょうが1片
➡ にんにく1片でがっつり味に

ヘルシー

みんな大好きなケチャップ味で

たっぷり野菜のポークチャップ

材料 (5〜6人分)

豚こま切れ肉‥‥‥‥‥**300g**
玉ねぎ‥‥‥‥‥‥‥‥‥1/4個
ピーマン‥‥‥‥‥‥‥‥‥1個
パプリカ（赤）‥‥‥‥‥1/4個
Ⓐ トマトケチャップ
　‥‥‥‥‥‥‥‥‥大さじ4
　酒‥‥‥‥‥‥‥‥‥大さじ3
　ウスターソース‥‥大さじ2
　砂糖‥‥‥‥‥‥‥‥小さじ2
　コンソメスープの素（顆粒）
　‥‥‥‥‥‥‥‥‥小さじ1/2
　塩、こしょう‥‥‥‥各少々
サラダ油‥‥‥‥‥‥‥大さじ1

作り方 (⏱15分)

1 玉ねぎは薄切り、ヘタと種を除いたピーマンとパプリカは細切りにする。

2 フライパンにサラダ油を熱し、豚こま切れ肉を中火で炒める。色が変わったら、**1**を加えてさらに炒める。

3 野菜がしんなりしたら、合わせたⒶを加え、汁けをとばしながら炒め合わせる。

冷蔵	冷凍	
3日	**1**か月	甘酸っぱい

 **食材チェンジ**

ピーマン1個
➡ しめじ1/2パック

好みで辛味を効かせても

ポークビーンズ

材料 (5～6人分)

豚こま切れ肉…………200g
玉ねぎ………………………1個
ホールトマト（缶詰）
　………………………1缶（400g）
ミックスビーンズ（缶詰）
　…………………2缶（200g）
にんにく（みじん切り）……1片分
Ⓐ トマトケチャップ
　│ ……………………大さじ1
　│ コンソメスープの素（顆粒）
　│ ………………………小さじ2
塩、こしょう…………各少々
パセリ（みじん切り）………少々
オリーブ油…………大さじ1

 **食材チェンジ**

豚こま切れ肉200g
➡ 牛こま切れ肉200g

作り方 (⏱25分)

1. 玉ねぎは1cm角、豚こま切れ肉は2cm幅に切る。

2. 鍋にオリーブ油、にんにくを入れて弱火にかけ、香りが立ったら、**1**を加えて中火で炒める。

3. 肉の色が変わったら、ホールトマトを加えてトマトをつぶし、Ⓐ、缶汁をきったミックスビーンズを加えて、弱火で15分煮る。

4. 塩、こしょうで味を調え、パセリをふる。

冷蔵	冷凍	こっくり
3日	**1**か月	

のっけ弁

こま切れ肉だからやわらかジューシー

豚肉の塩から揚げ

材料 (5～6人分)

豚こま切れ肉…………300g
Ⓐ レモン汁、酒
　│ …………各大さじ1/2
　│ おろしにんにく…小さじ1
　│ 塩……………小さじ1/2
片栗粉…………………適量
揚げ油…………………適量

作り方 (⏱20分)

1. 豚こま切れ肉はⒶを加えてよくもみ込む。

2. **1**をひと口大にしてぎゅっと丸め、片栗粉を薄くまぶし、170℃の揚げ油でカラッと揚げる。

[詰め方のコツ]

から揚げが茶色っぽいのでレモンのくし形切りを添えて彩りを加える。

冷蔵	冷凍	塩味
4日	**1**か月	

変身

豚バラ薄切り肉

赤身と脂肪が層になっているので、境目がはっきりしたものを選びましょう。
ゆでたり、煮たり、余計な脂肪を除いておくと、冷めても口あたりよくいただけます。

スピード

青菜とあえて、さっぱりおかず
ゆで豚のポン酢あえ

材料 (5〜6人分)

豚バラ薄切り肉‥‥‥‥‥300g
小松菜‥‥‥‥‥‥‥‥‥200g
塩、酒‥‥‥‥‥‥‥‥‥各少々
Ⓐ ポン酢しょうゆ‥‥大さじ3
 │ ごま油‥‥‥‥‥‥大さじ1

作り方 (⏱10分)

1. 豚バラ薄切り肉、小松菜はひと口大に切る。

2. 鍋に湯を沸かし、塩を加えて小松菜をゆで、水にとって水けを絞る。同じ熱湯に酒を加えて豚肉をゆでてザルにあげて冷ます。

3. 2をⒶであえる。

 味チェンジ
ポン酢しょうゆ大さじ3
➡ 塩昆布大さじ1でしっかり味に

冷蔵	冷凍	さっぱり
3日	1か月	

ヘルシー

噛めば甘酸っぱいトマトがジュワッと
プチトマトの豚肉巻き

材料 (5〜6人分)

豚バラ薄切り肉‥‥‥‥‥10枚
プチトマト‥‥‥‥‥‥‥20個
塩、こしょう‥‥‥‥‥各少々
しょうゆ‥‥‥‥‥‥‥大さじ2
サラダ油‥‥‥‥‥‥‥小さじ1

作り方 (⏱15分)

1. 豚バラ薄切り肉は長さを半分に切り、塩、こしょうをふり、ヘタを取ったプチトマトに巻く。

2. フライパンにサラダ油を熱し、1の巻き終わりを下にして入れ、転がしながら中火で焼く。

3. フライパンの余分な脂をふき取り、しょうゆを加えてからめる。

 食材チェンジ
プチトマト20個
➡ オクラ10本

冷蔵	冷凍	しょうゆ味
3日	1か月	

あと口さっぱりの
ひらひらにんじん
**リボン
キャロットラペ**
→ P97

カレー風味で
食欲アップ
**じゃがいもの
カレー煮**
→ P140

ザーサイの食感で
変化がつく
**大根のザーサイ
しょうゆ漬け**
→ P152

とろみのあるちょい辛味をからませて

豚肉とキャベツのピリ辛炒め

材料（5〜6人分）

豚バラ薄切り肉………300g
キャベツ………………2枚
Ⓐ しょうゆ…………大さじ3
　 砂糖………大さじ1と1/2
　 みりん……………大さじ1
　 豆板醤………小さじ1/2
Ⓑ 水………………大さじ1
　 小麦粉………大さじ1/2
サラダ油……………大さじ1

作り方（⏱15分）

1. 豚バラ薄切り肉は2cm幅、キャベツは1cm幅に切る。
2. フライパンにサラダ油を熱し、豚肉を中火で炒め、色が変わったらキャベツを加えて炒める。
3. キャベツがしんなりしたら、合わせたⒶを加えて炒め合わせる。全体になじんだら、合わせたⒷを加えてさらに炒め、とろみがついたら火を止める。

🥦🥕 **食材チェンジ**
キャベツ2枚
➡ しめじ1パック

冷蔵	冷凍	
3日	1か月	ピリ辛

のっけ弁

お好みの野菜を足してもOK

豚肉のにんにく塩煮

材料（5〜6人分）

豚バラ薄切り肉………300g
にんにく（薄切り）………2片分
ししとう………………6本
Ⓐ 水………………150㎖
　 酒…………………50㎖
　 鶏がらスープの素（顆粒）
　 ………………小さじ1
　 塩……………小さじ2/3
粗びき黒こしょう………少々

作り方（⏱15分）

1. 豚バラ薄切り肉は食べやすい大きさに切る。
2. 鍋にⒶを入れて煮立て、1、にんにくを加えて中火で煮る。肉の色が変わったら、ししとうを加える。
3. 汁けがなくなるまで煮つめ、粗びき黒こしょうをふる。

📞🐙 **アレンジ**
食べやすく切った豆腐を加え、さっと煮て、塩豚豆腐に。長ねぎを加えても。

冷蔵	冷凍	
3日	1か月	塩味

変身

メインおかず

豚ロース薄切り肉

しょうが焼き用はやや厚めのスライスです。赤身と脂肪の境目がはっきりしているものを。
すじ切りをして反り返りを防いで。

スピード

冷蔵 **3日** ／ 冷凍 **1か月** ／ しょうゆ味

焼き肉のたれを使ってお手軽に

かんたんしょうが焼き

材料（5〜6人分）

豚ロース薄切り肉
（しょうが焼き用）········300g
玉ねぎ·····················1/2個
小麦粉·····················適量
Ⓐ 焼き肉のたれ(市販)
　··················大さじ5
　おろししょうが···小さじ1
サラダ油·············大さじ1

作り方（⏱15分）

1 豚ロース薄切り肉は1枚を2〜3等分に切り、小麦粉を薄くまぶす。玉ねぎは薄切りにする。

2 フライパンにサラダ油を熱し、豚肉を中火で両面焼いて焼き色がついたら、玉ねぎを加え、炒め合わせる。

3 **2**に合わせた Ⓐ を加え、汁けをとばすように炒め合わせる。

 味チェンジ

焼き肉のたれ大さじ5
➡ ポン酢しょうゆ大さじ5で酸味を

ヘルシー

冷蔵 **3日** ／ 冷凍 **1か月** ／ ピリ辛

スパイシーでご飯がすすむ

豚肉とゴーヤのキムチ炒め

材料（5〜6人分）

豚ロース薄切り肉
（しょうが焼き用）········250g
ゴーヤ·····················1/2本
玉ねぎ·····················1/4個
白菜キムチ·················200g
塩、こしょう·········各少々
酒························小さじ1
しょうゆ···············大さじ1
ごま油··················大さじ1

作り方（⏱10分）

1 豚ロース薄切り肉は食べやすく切って塩、こしょうをふる。

2 ゴーヤは縦半分に切って、種とワタを除き5mm幅、玉ねぎは1cm幅に切る。

3 フライパンにごま油を熱し、**1**を強火で炒め、肉の色が変わったら、**2**、白菜キムチを加えて3分ほど炒める。

4 酒、しょうゆを加えてさらに汁けをとばしながら1分ほど炒め合わせる。

 食材チェンジ

ゴーヤ1/2本
➡ にんじん1/2本

さっぱり＆
シャキシャキ
**キャベツとお揚げの
ポン酢あえ**
→P118

塩とこしょうの
シンプル味
**ピーマンとウインナーの
ペッパー炒め**
→P128

ベーコンのうまみが
よく合う
**厚揚げの
ベーコン巻き**
→P164

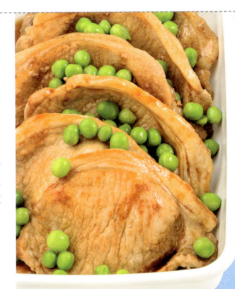

のっけ弁

ご飯にのせて帯広風の豚丼に

豚丼風焼き豚

材料 （5〜6人分）

豚ロース薄切り肉
　（しょうが焼き用）‥‥‥**300g**
グリーンピース（水煮）
　‥‥‥‥‥‥‥‥‥‥大さじ3
塩、こしょう‥‥‥‥‥各少々
Ａ しょうゆ、酒…各大さじ2
　はちみつ‥‥‥‥‥大さじ1
サラダ油‥‥‥‥‥‥大さじ1

作り方 （⏱10分）

1. 豚ロース薄切り肉は塩、こしょうをふる。
2. フライパンにサラダ油を熱し、**1** を中火で両面こんがりと焼く。合わせた **Ａ** を加えてからめたら、水けをきったグリーンピースを散らす。

味チェンジ
しょうゆ大さじ2
➡ みそ大さじ2でコクをアップ

冷蔵	冷凍
3日	1か月

甘辛

変身

コクのあるチーズ風味の衣をまとわせて

豚肉のピカタ

材料 （5〜6人分）

豚ロース薄切り肉
　（しょうが焼き用）‥‥‥ **300g**
塩、こしょう‥‥‥‥‥各少々
小麦粉‥‥‥‥‥‥‥‥‥適量
Ａ 溶き卵‥‥‥‥‥‥‥2個分
　小麦粉、粉チーズ
　‥‥‥‥‥‥‥‥各大さじ2
　パセリ（みじん切り）
　‥‥‥‥‥‥‥‥小さじ2
オリーブ油‥‥‥‥‥大さじ3

作り方 （⏱20分）

1. 豚ロース薄切り肉は1枚を2〜3等分に切り、塩、こしょうをふって小麦粉を薄くまぶす。
2. フライパンにオリーブ油を熱し、**1** を合わせた **Ａ** にくぐらせて入れ、中火で両面こんがりと焼いて火を通す。

 アレンジ
サラダ菜とともにご飯にはさんで、
おにぎらずに。

冷蔵	冷凍
3日	1か月

こっくり

豚ロースとんカツ用肉

赤身と脂肪の境目がくっきりとしているものを選びましょう。
調理する前に、しっかりとすじ切りをして、たたいておくと、やわらかさがキープできます。

スピード

冷蔵	冷凍
3日	**1**か月

スパイシー

カレー風味を効かせたしっかり味
カレー風味のトンテキ

材料（5〜6人分）

豚ロースとんカツ用肉……**3枚**
小麦粉………………………適量
Ⓐ トマトケチャップ、ウスタ
　│ ーソース……各小さじ1
　│ しょうゆ、酒…各大さじ1
　│ カレー粉………小さじ1/2
サラダ油……………大さじ1

作り方（⏱10分）

1 豚ロースとんカツ用肉は1枚を5
〜6等分に切って小麦粉を薄くま
ぶす。

2 フライパンにサラダ油を熱し、**1**
を中火で両面こんがりと焼いて火
を通す。

3 合わせたⒶを加え、強火でから
める。

 味チェンジ
カレー粉小さじ1/2
➡ 白すりごま小さじ1で和風に

ヘルシー

冷蔵	冷凍
3日	**1**か月

さっぱり

揚げずに焼くから、ササッとラクちん
ひと口焼きカツ

材料（5〜6人分）

豚ロースとんカツ用肉……**3枚**
ズッキーニ……………1/2本
塩、こしょう…………各少々
Ⓐ 牛乳………………150㎖
　│ 小麦粉（ふるう）……100g
パン粉…………………適量
とんカツ用ソース………適量
サラダ油…………………適量

作り方（⏱15分）

1 豚ロースとんカツ用肉は4等分に
切って、塩、こしょうをふり、合
わせたⒶ、パン粉の順に衣をつ
ける。

2 ズッキーニは輪切りにし、**1**と同
様に衣をつける。

3 フライパンに深さ1cmほどサラ
ダ油を入れて熱し、**1**、**2**を揚げ
焼きにする。食べるときにとんカ
ツ用ソースをつける。

 **食材チェンジ**
ズッキーニ1/2本
➡ れんこん1/2節

軽くて甘めの
口当たり
**さつまいもの
マッシュサラダ**
→ P113

さわやかに
梅が香る
**ブロッコリーと
ささみの梅おかか**
→ P115

黒こしょうが
ピリッと
**もやしとピーマンの
レンジ蒸し**
→ P146

のっけ弁

すし酢の甘味がアクセント
すし酢酢豚

材料 (5〜6人分)

豚ロースとんカツ用肉……4枚
玉ねぎ………………………1/2個
ピーマン………………………2個
パプリカ(赤)…………1/2個
塩………………………小さじ1/4
片栗粉………………………適量
🅰 すし酢(市販)……大さじ4
├ トマトケチャップ
│　　　　　…………大さじ2
サラダ油……………大さじ2

作り方 (⏱15分)

1. 豚ロースとんカツ用肉は1cm幅に切り、塩をふって片栗粉を薄くまぶす。
2. 玉ねぎ、ヘタと種を除いたピーマンとパプリカは乱切りにする。
3. フライパンにサラダ油を熱して、**1**をこんがりと焼き、火が通ったら**2**を加えて炒める。
4. フライパンの余分な油をふき取り、合わせた🅰を加えて、強火でからめる。

冷蔵	冷凍
3日	1か月

甘酸っぱい

変身

みそのこんがり焼けた味が美味
豚肉のみそ漬け焼き

材料 (5〜6人分)

豚ロースとんカツ用肉……3枚
🅰 みそ………………大さじ3
├ みりん、酒……各大さじ1
├ 砂糖………………小さじ1
└ おろししょうが…小さじ1

作り方 (⏱20分+漬け時間30分)

1. 豚ロースとんカツ用肉はすじ切りをし、ポリ袋に🅰とともに入れてよくもみ、常温におく(30分)。
2. **1**をオーブントースターで8分焼き、裏返して5分ほど焼く。粗熱をとって食べやすく切る。

 アレンジ

細長く切り、チーズと春巻きの皮に包んだら、揚げ焼きにして、豚チーズ春巻きに。

冷蔵	冷凍
4日	1か月

みそ味

メインおかず

豚バラかたまり肉

「三枚肉」とも呼ばれています。赤身と脂肪がはっきりとしているものを選んで。
濃いめに味つけすれば、保存がききます。

スピード

冷蔵	冷凍
3日	1か月

みそ味

しっかり味の角煮が電子レンジで簡単にできる

豚みそ角煮

材料 (5〜6人分)

豚バラかたまり肉……300g
長ねぎ……………………1/2本
うずら卵(水煮)…………10個
Ａ 砂糖、酒………各小さじ1
└ おろししょうが…小さじ1
Ｂ めんつゆ(3倍濃縮)
　……………………大さじ2
│ みそ………大さじ1と1/2
└ 水…………………大さじ1

作り方 (⏱15分)

1. 豚バラかたまり肉は2〜3cm角、長ねぎは2cm長さに切る。

2. 耐熱容器に Ａ、豚肉を入れてよくもみ込む。さらに Ｂ、長ねぎを加えて混ぜ、ラップをかけて電子レンジ(600W)で4分半ほど加熱する。

3. 2 を取り出して豚肉を裏返し、再びラップをかけて4分ほど加熱する。うずら卵を加え、味をなじませる。

 味チェンジ

Ｂ➡ ポン酢しょうゆ大さじ3と1/2、水大さじ1でさっぱり味に

ヘルシー

冷蔵	冷凍
3日	1か月

こっくり

大根の葉を加えれば彩りもアップ

豚バラ大根

材料 (5〜6人分)

豚バラかたまり肉……300g
大根………………………1/4本
大根の葉…………………適量
Ａ 水………………………150㎖
│ 酒…………………大さじ2
│ オイスターソース、
│ 　しょうゆ……各大さじ1
│ 砂糖………………小さじ1
└ こしょう…………………少々
ごま油……………大さじ1/2

作り方 (⏱20分)

1. 豚バラかたまり肉は5mm厚さに切り、大根は5mm厚さのいちょう切りに、大根の葉は小口切りにする。

2. フライパンに豚肉、大根を入れ、中火でこんがりと焦げ目がつくまで炒める。ひたひたまで熱湯(分量外)を加えて煮立ったら、ザルにあげ、再びフライパンに戻す。

3. 2 に Ａ を加えて混ぜ、落としぶたをして中火で汁けがなくなるまで煮る。大根の葉、ごま油を加えてサッと火を通す。

食材チェンジ

大根1/4本
➡ じゃがいも2個

58

さっぱり味の
さわやか炒め
**にんじんとれんこんの
すっぱ炒め**
→ P96

桜えびが
こうばしく香る
**小松菜と桜えびの
さっと炒め**
→ P134

ごまの風味が
豚に合う
**ごぼうの
黒ごまあえ**
→ P156

のっけ弁

用途いっぱい！シンプルテイスト
和風チャーシュー

材料 (5〜6人分)

豚バラかたまり肉……300g

A しょうゆ、砂糖
………………各大さじ3
みりん、酒……各大さじ2
ごま油…………大さじ1
和風だしの素(顆粒)
…………………小さじ1/3
しょうが(薄切り)……1片分

 食材チェンジ

豚バラかたまり肉300g
→ 鶏もも肉300g

作り方 (⏱40分＋漬け時間ひと晩)

1. 豚バラかたまり肉はフォークで数か所刺して、4等分に切る。ポリ袋に **A** を入れて合わせ、豚肉を加えてもみ込み、冷蔵庫で漬ける(ひと晩)。

2. **1** の漬け汁はポリ袋に残し、豚肉は脂身を上にしてオーブンの天板にのせ、170℃で15分、裏返して5分焼く。

3. **2** の漬け汁と焼いた豚肉を鍋に入れ、弱火で煮つめる。冷まして切り分ける。

冷蔵	冷凍
3日	**1**か月

しょうゆ味

変身

やわらかくて、お肉のうまみたっぷり
ゆで豚 ねぎみそ添え

材料 (5〜6人分)

豚バラかたまり肉……300g
塩………………小さじ1

A 酒………………50㎖
長ねぎ(青い部分)……適量
しょうが(皮つきの薄切り)
…………………適量
水………………1ℓ

B 長ねぎ(みじん切り)
…………………大さじ1
みそ………………大さじ1

📞🐙 アレンジ

食べやすく切ったなす、ピーマンと炒め合わせ、**B** を加えて甘みそ炒めに。

作り方 (⏱60分＋漬け時間ひと晩)

1. 豚バラかたまり肉は塩をよくすり込んでラップをし、冷蔵庫で漬ける(ひと晩)。

2. 鍋に **1**、**A** を入れて強火にかけ、煮立つ寸前に弱火にし、ふたをして30分ほどゆでる。竹串を刺して透明な汁が出ればそのまま冷ます。

3. 食べやすく切り、合わせた **B** を添える。

冷蔵	冷凍
3日	**1**か月

塩味

豚ひき肉・合いびき肉

傷みやすいので、買ってきたら早めに調理することが大切です。
そぼろにしたり、丸めたりと、形を変えられるのでお弁当おかずに重宝します。

スピード

ご飯にのせて、混ぜて♪
ビビンバ肉そぼろ

材料 (5〜6人分)

合いびき肉……………150g
豆もやし………………150g
にら………………………1/2束
Ⓐ 白すりごま………大さじ3
　│ しょうゆ…………大さじ2
　│ 砂糖………………大さじ1
ごま油……………大さじ1強

作り方 (🕙10分)

1. 豆もやしはさっと水にさらして、水けをきる。にらは2cm長さに切る。
2. フライパンにごま油を熱し、合いびき肉を入れ、あまりほぐさないようにして中火で炒める。
3. 肉に火が通ったら豆もやしを加えて炒め合わせ、もやしがしんなりしたら合わせたⒶ、にらを加えて炒め合わせる。

冷蔵	冷凍
3日	1か月

しょうゆ味

🥦🥕 食材チェンジ
にら1/2束
➡ ピーマン2個

ヘルシー

ひき肉のかたまり感を残して食べごたえを
豚ひき肉と大豆のみそ炒め

材料 (5〜6人分)

豚ひき肉………………200g
大豆(水煮)……………100g
ピーマン…………………3個
Ⓐ みそ、砂糖、酒
　│ ……………………各大さじ2
サラダ油……………大さじ1

作り方 (🕙10分)

1. 大豆は汁けをきる。ヘタと種を除いたピーマンは1cm角に切る。
2. フライパンにサラダ油を熱し、豚ひき肉、1を中火で炒める。ひき肉はあまりほぐさないようにして炒める。
3. 肉に火が通ったら、合わせたⒶを加えて炒め合わせる。

冷蔵	冷凍
3日	1か月

みそ味

 味チェンジ
みそ大さじ2
➡ ナンプラー大さじ1強でエスニック風に

チーズで
こっくり味
**にんじんとチーズの
ベーコン巻き**
→P96

パクッとイケる
お手頃サイズ
**パプリカと豚こまの
串焼き**
→P104

お酢が効いて
さっぱり
**ソーセージ入り
ザワークラウト**
→P118

のっけ弁

混ぜてチンする
レンジキーマカレー

材料 (5〜6人分)

合いびき肉……………**400g**
トマト……………………大1個
カレールウ……………………80g
A おろし玉ねぎ……1/2個分
　　おろしにんにく、おろし
　　しょうが………各1片分
　　サラダ油……………60㎖
B ウスターソース…大さじ1
　　こしょう……………少々

作り方 (⏱20分)

1 トマトはヘタを取ってざく切りにする。カレールウは刻んで、**B** と合わせる。

2 耐熱容器に **A** を合わせて、ふんわりとラップをかけて電子レンジ (600W) で5分加熱する。

3 **2** に合いびき肉、**1** を加えて混ぜ合わせて、ふんわりとラップをかけて電子レンジ (600W) で8分ほど加熱し、混ぜ合わせる。

 アレンジ
ブロッコリーやじゃがいもなどのゆで野菜にかけ、ピザ用チーズをのせてトースターでこんがりと焼けば、カレーグラタンに。

冷蔵	冷凍
4日	**1**か月

スパイシー

変身

野菜をたっぷり入れて食感よく
野菜ポークボール

材料 (5〜6人分)

豚ひき肉………………**300g**
むき枝豆 (冷凍)…………100g
ホールコーン (缶詰)……100g
A 湯………………………大さじ3
　　鶏がらスープの素 (顆粒)
　　………………大さじ1と1/2
　　酒……………大さじ1/2
　　こしょう……………少々

作り方 (⏱15分)

1 ボウルに豚ひき肉、合わせた **A** を入れて混ぜ合わせ、よく練る。

2 **1** にむき枝豆、ホールコーンを加えて混ぜ、ひと口大に丸めて、オーブンシートを敷いた耐熱容器に並べる。

3 耐熱容器にラップをかけて、電子レンジ (600W) で6分ほど加熱し、そのまま蒸らす。

アレンジ
温めたホワイトソースとあえて、クリームシチュー風に。

冷蔵	冷凍
3日	**1**か月

塩味

メインおかず（豚ひき肉・合いびき肉）

スピード

冷蔵 **4**日｜冷凍 **1**か月　こっくり

ひき肉のうまみをたっぷり行き渡らせて

ケチャップミンチ

 材料（5〜6人分）

合いびき肉……………200g
玉ねぎ……………1/2個
スライスマッシュルーム（水煮）
………………………50g
Ⓐ 小麦粉、バター
　　………………各大さじ2
Ⓑ トマトケチャップ
　　……………1/3カップ
　　ウスターソース…大さじ2
　　塩、こしょう………各少々
パセリ（みじん切り）………適量

作り方（⏱15分）

1. 玉ねぎは1cm角に切る。
2. 耐熱容器に **1**、合いびき肉、汁けをきったスライスマッシュルーム、Ⓐを入れてラップをせずに電子レンジ（600W）で3分加熱して、Ⓑを加えてよく混ぜ、さらに5分加熱する。
3. 取り出して全体をよく混ぜ、さらに5分加熱し、パセリをふる。

 🥦🧄🥕 **食材チェンジ**
スライスマッシュルーム50g
➡ミックスベジタブル50g

ヘルシー

冷蔵 **3**日｜冷凍 **1**か月　塩味

青菜を巻いてヘルシーに食感よく

青菜シューマイ

材料（5〜6人分）

豚ひき肉………………200g
チンゲン菜………………4株
玉ねぎ（みじん切り）…1/2個分
片栗粉………………大さじ3
Ⓐ しょうゆ………小さじ2
　　砂糖、ごま油…各小さじ1
　　おろししょうが…小さじ1
　　塩……………小さじ1/2
　　こしょう……………少々

作り方（⏱25分）

1. チンゲン菜は1枚ずつはがして熱湯でゆで、ザルにあげて冷ます。大きい葉を15枚選び、残りはみじん切りにして水けをよく絞る。
2. ボウルに玉ねぎ、片栗粉、**1**のみじん切りを入れて混ぜる。片栗粉が行き渡ったら、Ⓐ、豚ひき肉を加えて練り混ぜ、15等分にして丸め、**1**の大きな葉で巻くようにして包む。
3. 耐熱容器に **2** の半量を並べ、ラップをして電子レンジ（600W）で3分加熱し、そのまま2分おいて蒸らし、さらに1分加熱する。残り半量も同様に加熱する。

 🥦🧄🥕 **食材チェンジ**
チンゲン菜4株
➡小松菜1束

ひき肉だからふわっとやわらか！
合いびき肉のやわらか角煮風

材料 (5〜6人分)

合いびき肉……………300g
しょうが………………1片
長ねぎ…………………1/2本
片栗粉…………………大さじ1
Ⓐ 溶き卵………………大さじ3
　塩、しょうゆ、ごま油
　　　………各小さじ1/2
　こしょう………………少々
Ⓑ しょうが(薄切り)……1片分
　みりん………………大さじ5
　酒、しょうゆ…各大さじ2
　砂糖…………………大さじ1

作り方 (🕐30分)

1 しょうが、長ねぎはみじん切りにする。

2 ボウルに合いびき肉、**1**、Ⓐを入れて粘りが出るまで混ぜ、片栗粉を加えてさらに混ぜる。

3 オーブンシートを敷いた角型(15×15cm)に**2**を入れて平らに詰め、180℃のオーブンで20分ほど焼く。粗熱をとって型から出し、ひと口大に切る。

4 フライパンにⒷを入れて中火にかけ、とろみが出てきたら、**3**を加えてからめる。

 味チェンジ

Ⓑ のしょうゆ大さじ2
➡ みそ大さじ2でこっくり味に

のっけ弁

冷蔵 **4**日 ｜ 冷凍 **1**か月　　甘辛

たけのこの食感がアクセントに
ひき肉の高菜炒め

材料 (5〜6人分)

合いびき肉……………250g
たけのこ(水煮)………120g
長ねぎ…………………1/2本
高菜漬け(粗みじん切り)
　…………………………120g
赤唐辛子(小口切り)………適量
Ⓐ 酒………………………大さじ2
　オイスターソース
　　………………………大さじ1
　しょうゆ………大さじ1/2
ごま油…………………大さじ1

作り方 (🕐10分)

1 たけのこは7〜8mm角に切る。長ねぎはみじん切りにする。

2 フライパンにごま油を熱し、合いびき肉を中火でパラパラになるまで炒める。**1**、高菜漬け、赤唐辛子を加えて強火にし、炒め合わせる。

3 全体がなじんだら、合わせたⒶを加えて、さらに炒め合わせる。

変身

 アレンジ

ゆでたパスタとあえたり、中華麺と
炒めてピリ辛パスタや焼きそばに。

冷蔵 **4**日 ｜ 冷凍 **1**か月　　ピリ辛

メインおかず

牛こま切れ肉

いろいろな部位が混ざっていて形も不ぞろいなので、牛肉でも比較的安価。
炒めものや煮ものに便利です。きれいな赤色で汁の出ていないものを選んで。

スピード

お麩に牛肉のうまみがジュワッとしみて
牛肉のすき煮風

材料 (5〜6人分)

牛こま切れ肉…………300g
しめじ……………1パック
春菊………………1/4束
小町麩………………10個
A 水…………………400㎖
　めんつゆ(3倍濃縮)……90㎖

作り方 (⏱10分)

1 しめじはほぐし、春菊は3cm長さに切る。小町麩は水でもどして、水けを絞る。

2 鍋にAを煮立て、牛こま切れ肉、しめじを入れて5分ほど煮たら、小町麩を加えて汁けが少なくなるまで煮て、春菊を加えてさっと煮る。

食材チェンジ
牛こま切れ肉300g
→ 鶏もも肉300g

冷蔵	冷凍	
3日	1か月	しょうゆ味

ヘルシー

ヤミツキになるエスニック味
牛肉のタイ風サラダ

材料 (5〜6人分)

牛こま切れ肉…………300g
紫キャベツ……………1/3個
パプリカ(赤・黄)…各小1/2個
パクチー………………適量
片栗粉………………大さじ1
A ナンプラー……大さじ3
　サラダ油………大さじ1
　にんにく(みじん切り)
　………………1/2片分
　赤唐辛子(小口切り)
　………………1/2本分
　レモン汁………大さじ2
　塩……………小さじ1/4
　こしょう……………少々

作り方 (⏱10分)

1 紫キャベツはせん切り、パプリカはヘタと種を除いて薄切りにする。

2 パクチーはざく切りにする。牛こま切れ肉は片栗粉をまぶしておく。

3 牛肉をゆでて火を通し、ザルにあげ、水けをしっかりふき、合わせたAに漬ける。

4 保存容器に1をしき入れ、3を漬け汁ごとかけたら、パクチーをのせる。

冷蔵	冷凍	
3日	×	さっぱり

焼きトマトが
牛肉と合う
**プチトマトの
ゆずこしょうマリネ**
➡ P103

枝豆の緑が
美しい
**れんこんと枝豆の
明太マヨ**
➡ P149

シャキシャキ食感が
たのしい
**えのきと水菜の
ごまおひたし**
➡ P162

オイスターソースで味つけラクラク

牛肉とチンゲン菜の炒めもの

材料 (5〜6人分)

牛こま切れ肉…………250g
チンゲン菜……………2株
しょうゆ、酒……各大さじ1/2
片栗粉………………小さじ2
Ⓐ オイスターソース
　　………大さじ1と1/2
　｜酒……………大さじ1
サラダ油…………大さじ1

作り方 (⏱10分)

1 牛こま切れ肉は食べやすく切り、しょうゆ、酒をもみ込み、片栗粉をまぶす。

2 チンゲン菜は葉はざく切り、根元の部分は縦6等分に切る。

3 フライパンにサラダ油を熱し、**1**、**2**の根元の部分を中火で2分ほど炒める。

4 肉の色が変わったら、**Ⓐ**、**2**の葉の部分を加えて3分ほど汁けがなくなるまで炒める。

 味チェンジ

オイスターソース大さじ1と1/2
➡ みそ大さじ1で和風に

のっけ弁

冷蔵	冷凍
3日	**1**か月

こっくり

ご飯ががっつりすすむおかず

牛肉のプルコギ炒め

材料 (5〜6人分)

牛こま切れ肉…………300g
にんじん………………1/2本
ピーマン………………2個
Ⓐ しょうゆ………大さじ2
　｜酒……………大さじ1
　｜砂糖…………小さじ1
　｜おろしにんにく…小さじ1
白いりごま………大さじ1
ごま油……………大さじ1

作り方 (⏱10分)

1 にんじん、ヘタと種を除いたピーマンは細切りにする。牛こま切れ肉は**Ⓐ**をよくもみ込む。

2 フライパンにごま油を熱し、牛肉を中火で炒める。色が変わったら**1**の野菜を加えて汁けがなくなるまで炒め合わせて、白いりごまをふる。

🌶🐙 アレンジ

のり、ご飯で巻いて、韓国風のり巻きに。

変身

冷蔵	冷凍
3日	**1**か月

甘辛

牛薄切り肉

火が通りやすくやわらかい薄切り肉は、ゆで、煮もの、炒めものなど万能食材。
しっかり味をからめれば、保存性もアップします。

スピード

冷蔵	冷凍
3日	1か月

甘酸っぱい

バルサミコ酢でコクと酸味を効かせて

牛肉とれんこんのバルサミコ炒め

材料（5〜6人分）

牛薄切り肉…………………150g
れんこん…………………1節
 バルサミコ酢、しょうゆ、
　　酒…………各大さじ2
　砂糖……………大さじ1
オリーブ油………大さじ2

作り方（⏱10分）

1 れんこんは小さめの乱切りにし、水にさらして水けをきる。牛薄切り肉は食べやすい大きさに切る。

2 フライパンにオリーブ油を熱し、れんこんを中火で焼く。

3 焼き色がついてきたら、牛肉を加えて炒め、肉の色が変わったら A を加えて炒め合わせる。

🍳 **味チェンジ**
バルサミコ酢大さじ2
➡ オイスターソース大さじ1でしっかり味に

ヘルシー

冷蔵	冷凍
3日	1か月

しょうゆ味

コクのある白すりごまが牛肉とマッチ

牛しゃぶと野菜のごまあえ

材料（5〜6人分）

牛薄切り肉（しゃぶしゃぶ用）
……………………………300g
にら……………………1/2束
もやし…………………1/2袋
酒………………………大さじ1
 しょうゆ…………大さじ2
　砂糖……………小さじ1
　白すりごま……大さじ1

作り方（⏱10分）

1 鍋に熱湯を沸かし、酒を加え、牛薄切り肉をゆでてザルにあげ、水けをふいて冷ます。

2 にらは3cm長さに切り、もやしとともに耐熱容器に入れてラップをかけ、電子レンジ（600W）で2分加熱して水けをきり、冷ます。

3 1、2を合わせた A であえる。

🥕 **食材チェンジ**
もやし1/2袋
➡ たけのこ100g

野菜がたっぷり
摂れる
**プチトマトとベーコンの
ラタトゥイユ**
➡ P101

鮮やかで
たのしい食感
**パプリカの
かくやあえ**
➡ P104

にんにくで
コクが増す
**ほうれん草の
和風ペペロンチーノ**
➡ P122

こっくり牛肉&チーズに青じそのさわやかさをプラス

ミルフィーユ牛カツ

材料 (5〜6人分)

牛薄切り肉‥‥‥‥‥‥6枚(150g)
青じそ‥‥‥‥‥‥‥‥‥‥‥4枚
スライスチーズ‥‥‥‥‥‥2枚
塩、こしょう‥‥‥‥‥‥各適量
小麦粉、溶き卵、パン粉
‥‥‥‥‥‥‥‥‥‥‥‥各適量
A しょうゆ…大さじ1と1/2
   ウスターソース…大さじ2
   みりん‥‥‥‥‥‥大さじ1
揚げ油‥‥‥‥‥‥‥‥‥‥適量

 **食材チェンジ**

牛薄切り肉150g
➡ 豚薄切り肉150g

作り方 (⏱15分)

1 牛薄切り肉は塩、こしょうをふる。青じそとスライスチーズは半分に切る。

2 牛肉1枚に**1**の青じそ2枚、スライスチーズ1切れをのせる。もう一度繰り返して重ね、上に牛肉をのせる。もう1枚分同様に作る。

3 **2**に小麦粉、溶き卵、パン粉の順に衣をつけ、170℃の揚げ油でカラッと揚げる。

4 小鍋に**A**を入れ、ゆるくとろみがつくまで煮つめてソースにする。食べるときにかける。

のっけ弁

冷蔵	冷凍
3日	1か月

こっくり

牛肉とごぼうのうまみがじんわり

牛肉とごぼうのしぐれ煮

材料 (5〜6人分)

牛薄切り肉‥‥‥‥‥‥‥‥300g
ごぼう‥‥‥‥‥‥‥‥‥‥1/2本
しょうが‥‥‥‥‥‥‥‥‥‥1片
A 砂糖、みりん…各大さじ3
   酒‥‥‥‥‥‥‥‥‥‥50㎖
   しょうゆ‥‥‥‥‥‥大さじ3
サラダ油‥‥‥‥‥‥‥‥大さじ1

作り方 (⏱20分)

1 牛薄切り肉は2cm幅に切る。ごぼうはささがきにして水にさらし、水けをきる。しょうがはせん切りにする。

2 鍋にサラダ油を熱し、**1**を中火で炒める。肉の色が変わったら**A**を順に加えて、ときどき混ぜながら汁けがなくなるまで煮る。

アレンジ

粗く刻んで温かいご飯に混ぜ、混ぜご飯に。おにぎりの具にも。

変身

冷蔵	冷凍
4日	1か月

甘辛

メインおかず

牛焼き肉用肉

肉の色が赤く鮮やかなものを選びましょう。
すじ切りをしてから焼くと、冷めてもかたくなりにくく、食感がよくなります。

スピード

食欲がすすむピリ辛味をからめて

牛カルビの豆板醤炒め

材料 (5〜6人分)

牛焼き肉用肉	200g
玉ねぎ	1個
ピーマン	2個
しめじ	1パック
A 豆板醤、鶏がらスープの素	
（顆粒）	各小さじ2
酒	大さじ4
しょうゆ、砂糖	
	各大さじ1
片栗粉	小さじ1

作り方 (⏱15分)

1 玉ねぎ、ヘタと種を除いたピーマンは1cm幅に切って、しめじはほぐす。

2 フッ素樹脂加工のフライパンを熱して牛焼き肉用肉を中火で炒め、肉の色が変わったら**1**を加えてさらに炒める。

3 よく混ぜ合わせた **A** を加えて炒め合わせる。

冷蔵	冷凍	
3日	**1**か月	ピリ辛

ヘルシー

セロリの香りを効かせてシャキッと風味よく

たっぷりセロリの焼き肉

材料 (5〜6人分)

牛焼き肉用肉	300g
セロリ	1本
塩、こしょう	各少々
小麦粉	適量
A 砂糖	小さじ1
しょうゆ	大さじ1
サラダ油	大さじ1

作り方 (⏱15分)

1 牛焼き肉用肉は塩、こしょうをふって小麦粉を薄くまぶす。セロリは斜め薄切りにして、葉はざく切りにする。

2 フライパンにサラダ油を熱し、牛肉を中火でこんがりと焼いて取り出し、セロリの茎を入れて炒める。

3 牛肉を戻し入れて、合わせた **A** を加え、少しとろみがつくまで炒め合わせ、セロリの葉を加えてひと混ぜして火を止める。

 食材チェンジ

牛焼き肉用肉300g
➡ めかじき（切り身）300g

冷蔵	冷凍	
3日	**1**か月	さっぱり

詰めやすい
シンプルソテー
**ブロッコリーの
いきなり炒め**
➡ P117

ナッツのコクと
相性ばつぐん
**小松菜の
バターナッツあえ**
➡ P135

ホクホクじゃがいもで
ボリューム満点
**じゃがいもの
バターじょうゆ炒め**
➡ P139

赤、黄、緑を取りそろえて色鮮やかに
牛肉と彩り野菜のスタミナ炒め

材料 (5〜6人分)

牛焼き肉用肉…………300g
パプリカ(赤、黄)……各1/2個
ピーマン……………2個
おろしにんにく……小さじ1
焼き肉のたれ(市販)‥大さじ2
Ⓐ 砂糖……………小さじ1
　┌しょうゆ、オイスター
　│　ソース………各大さじ1
　│白いりごま……大さじ2
ごま油………………大さじ1

作り方 (⏱15分)

1 牛焼き肉用肉は焼き肉のたれをもみ込む。ヘタと種を除いたパプリカとピーマンは細切りにする。

2 フライパンにごま油を熱し、牛肉を中火で炒める。色が変わったら、おろしにんにく、パプリカ、ピーマンを加えてさらに炒める。

3 2にⒶを加えて炒め合わせる。

のっけ弁

冷蔵 3日 | 冷凍 1か月　甘辛

フライパンでカラリと揚げ焼き
ひとロビーフカツ

材料 (5〜6人分)

牛焼き肉用肉…………300g
塩……………………適量
こしょう……………少々
小麦粉、溶き卵、パン粉
………………………各適量
サラダ油……………適量

作り方 (⏱20分)

1 牛焼き肉用肉は塩小さじ1/4、こしょうをふる。小麦粉、溶き卵、パン粉の順に衣をつける。

2 フライパンに深さ1cmほどサラダ油を入れて熱し、1を入れ、揚げ焼きにする。熱いうちに塩少々をふる。

 アレンジ
キャベツのせん切りとともにトーストではさんで、ビーフカツサンドに。

変身

冷蔵 3日 | 冷凍 1か月　塩味

メインおかず

ウインナー・ベーコン

比較的日持ちする肉加工品ですが、封を切ったら早めに調理しましょう。
冷めても味や食感が変わりにくいので、作りおきおかずにぴったりです。

スピード

マスタードの辛味が効いた
ジャーマンポテト

材料（5〜6人分）
ウインナーソーセージ
　　……………2袋（10〜12本）
じゃがいも……………2個
粒マスタード………大さじ2
塩、こしょう…………各少々
オリーブ油…………大さじ1

作り方 （⏱10分）
1 ウインナーソーセージは斜め切りにする。じゃがいもはいちょう切りにし、さっと水にくぐらせてから耐熱容器に入れ、ラップをかけて電子レンジ（600W）で3〜4分加熱する。

2 フライパンにオリーブ油を熱して**1**を中火で炒め、こんがりとしたら粒マスタードを加えてからめ、塩、こしょうで味を調える。

冷蔵	冷凍	こっくり
3日	✕	

 味チェンジ
粒マスタード大さじ2
➡ マヨネーズ大さじ2でこってり

ヘルシー

たっぷり野菜にベーコンのうまみがギュッ
野菜ときのこのベーコン巻き

材料（5〜6人分）
ベーコン………………12枚
さやいんげん…………60g
にんじん……………1/2本
エリンギ……………1パック
🔺酒………………大さじ2
　｜塩…………………少々
サラダ油…………大さじ1

作り方 （⏱15分）
1 さやいんげんは半分の長さに切る。にんじん、エリンギはさやいんげんの長さに合わせて細切りにする。

2 さやいんげん、にんじんをラップで包み、電子レンジ（600W）で1分半加熱する。

3 ベーコン1枚に12等分した**2**、エリンギをのせて手前から巻き、つま楊枝でとめる。残りも同様にして巻く。

4 フライパンにサラダ油を熱し、**3**を中火でこんがりと焼いて🔺をからめる。

冷蔵	冷凍	塩味
3日	1か月	

味チェンジ
🔺 ➡ トマトケチャップ大さじ2で洋風に

食欲そそる
ソース味
**キャベツと豚肉の
ソース焼きそば風**
➡ P120

粉チーズの
コクが合う
**アスパラの
チーズ焼き**
➡ P127

ポリポリ食感が
たのしい
切り干しナポリタン
➡ P167

オイスターソースで煮て味わい深く
ベーコンのチャーシュー風

材料 (5〜6人分)

ブロックベーコン……220g
豆苗……………………1/2袋
🅰 酒………………大さじ3
　 しょうゆ、オイスター
　 ソース……各大さじ1/2
　 砂糖……………小さじ1

作り方 (🕙10分)

1 ブロックベーコンは7〜8mm厚さに切る。豆苗は根元を落とす。

2 鍋に🅰、ベーコンを入れ、弱火で混ぜながら5分ほど煮る。豆苗を加え、さっと火を通す。

 **食材チェンジ**

豆苗1/2袋
➡ 小松菜1/3束

冷蔵	冷凍
3日	**1**か月

甘辛

のっけ弁

手間いらずのケチャップ味
ウインナーのロールキャベツ

材料 (5〜6人分)

ウインナーソーセージ
……………2袋(10〜12本)
キャベツ…………………3枚
🅰 水………………200㎖
　 トマトケチャップ
　 …………………大さじ4
　 コンソメスープの素(顆粒)
　 …………………小さじ1
　 塩、こしょう………各少々

作り方 (🕙20分)

1 キャベツはラップをし、電子レンジ(600W)で2分半加熱する。冷めたら芯をそいで葉は1枚を3〜4等分に切る。キャベツの芯とウインナーソーセージをのせて巻いてつま楊枝でとめる。

2 鍋に**1**、🅰を入れて中火にかけ、汁けがなくなるまで煮る。

📞 🐙 **アレンジ**
食べやすく切ってピザ用チーズをかけてトースターでこんがりと焼く。

冷蔵	冷凍
3日	**1**か月

甘酸っぱい

変身

鮭

生鮭は塩鮭ほど日持ちしませんが、しっかりと味をつければ、保存性が高まります。切り口がなめらかで光沢のあるものを選びましょう。

スピード

コーン&マヨチーズで子どもの大好きな味

鮭のマヨチーズコーン焼き

材料 (5〜6人分)

甘塩鮭·······················5切れ

Ⓐ ホールコーン(缶詰)
　·····················大さじ6
　マヨネーズ·········大さじ6
　粉チーズ···········大さじ4

作り方 (⏱15分)

1. 甘塩鮭はオーブントースターで5分焼く。

2. 1に合わせたⒶをのせ、焦げ目がつくまでさらに8分焼いて、半分に切る。

冷蔵	冷凍
2日	1か月

こっくり

 食材チェンジ

甘塩鮭5切れ
➡ 甘塩たら5切れ

ヘルシー

さっぱり甘酢の定番マリネ

鮭とパプリカのマリネ

材料 (5〜6人分)

生鮭·······················4切れ
玉ねぎ、パプリカ(赤)
　·····················各1/2個
塩、こしょう·········各少々
小麦粉·····················適量
Ⓐ 酢·················大さじ5
　オリーブ油·······大さじ2
　砂糖·················小さじ2
　塩·················小さじ1
オリーブ油···········大さじ1

作り方 (⏱15分)

1. 生鮭は1切れを3等分に切り、塩、こしょうをふってしばらくおき、水けをふいて小麦粉をまぶす。

2. 玉ねぎは薄切り、パプリカはヘタと種を除いて細切りにする。

3. フライパンにオリーブ油を熱し、1を中火で両面焼いて火を通す。

4. 鍋にⒶを入れてひと煮立ちさせ、熱いうちに2、3と合わせて味をなじませる。

冷蔵	冷凍
3日	1か月

さっぱり

 食材チェンジ

玉ねぎ、パプリカ各1/2個
➡ セロリ、にんじん各1/2本

クリーミーで
見た目も◎
**にんじんとアスパラの
チーズあえ**
→P99

野菜の彩りが
映える
**キャベツの
博多漬け**
→P119

甘酸っぱさで
変化がつく
**ズッキーニと鶏肉の
トマト煮**
→P132

のっけ弁

コクのあるオイスターソースでまとめて
鮭の中華風照り焼き

材料 (5〜6人分)

生鮭 ······················ **4切れ**
れんこん ·················· 150g
さやいんげん ············· 6本
塩、こしょう ············· 各少々
片栗粉 ····················· 適量
A おろししょうが、おろし
　　にんにく ····· 各小さじ1
　　オイスターソース、酒
　　·············· 各大さじ2
　　しょうゆ ········ 大さじ1
ごま油 ················· 大さじ1

作り方 (🕐15分)

1 生鮭は1切れを3等分に切り、塩、こしょうをふってしばらくおき、水けをふいて片栗粉を薄くまぶす。れんこんは1cm幅のいちょう切りにして水にさらし、水けをきる。さやいんげんは斜め3等分に切る。

2 フライパンにごま油を熱し、鮭、れんこんを中火で両面焼いて火を通す。

3 さやいんげん、合わせた **A** を加えて炒め合わせる。

冷蔵	冷凍	
3日	**1**か月	甘辛

変身

酒とみりんで焼き蒸しにして
鮭のしっとり塩焼き

材料 (5〜6人分)

生鮭 ····················· **4切れ**
塩 ···················· 小さじ1/2
A 酒 ················ 大さじ1
　　みりん ········ 大さじ1/2
サラダ油 ················· 少々

作り方 (🕐15分)

1 生鮭は塩をふってしばらくおき、水けをふく。

2 フライパンにサラダ油を薄くひき、**1** を中火で両面焼く。

3 合わせた **A** を加え、煮立ったら弱火にしてふたをして3分ほど焼いて火を止める。冷めたら食べやすく切る。

 アレンジ
ほぐして、ちぎった焼きのり、白いりごまと混ぜてふりかけにする。

冷蔵	冷凍	
4日	**1**か月	塩味

あじ

身がふっくらとツヤがあり、目が澄んでいるものを選びましょう。
一尾魚は、買ってきたらすぐに頭とはらわたを除き、早めに調理しましょう。

スピード

ポン酢を使ってさっぱり仕上げ
あじのポン酢照り焼き

材料 (5〜6人分)

あじ	4尾
塩	少々
小麦粉	適量
Ⓐ 砂糖	小さじ1
ポン酢しょうゆ	大さじ2
サラダ油	大さじ1

作り方 (⏱15分)

1. あじは3枚におろし、1枚を4等分に切って塩をふってしばらくおき、水けをふいて小麦粉を薄くまぶす。
2. フライパンにサラダ油を熱し、**1**を中火で両面焼いて火を通す。
3. 合わせた Ⓐ を加えてからめる。

冷蔵	冷凍	
3日	1か月	甘酸っぱい

🥦🥕 食材チェンジ

あじ4尾
➡ さば2尾

ヘルシー

トマトのフレッシュな甘酸っぱさが好相性
あじのトマトソテー

材料 (5〜6人分)

あじ	4尾
トマト	2個
塩、こしょう	各少々
小麦粉	適量
しょうゆ	大さじ1
オリーブ油	大さじ1

作り方 (⏱15分)

1. あじは3枚におろし、1枚を4等分に切って塩、こしょうをふって小麦粉を薄くまぶす。トマトはヘタを取って乱切りにする。
2. フライパンにオリーブ油を熱して、あじを中火で両面焼いて火を通す。
3. **2**にトマト、しょうゆを加え、強火で炒め合わせる。

冷蔵	冷凍	
3日	1か月	さっぱり

🥦🥕 食材チェンジ

あじ4尾
➡ いわし4尾

彩り野菜で
にぎやかに
**パプリカと
ほうれん草のナムル**
→ P105

満足感ありの
ボリュームおかず
**小松菜の
肉巻き**
→ P134

止まらなくなる
甘辛味
**しらたきの
チャプチェ**
→ P170

のっけ弁

香ばしいごまをたっぷりとまとわせて
あじのごま焼き

材料 (5〜6人分)

あじ……………………3尾
片栗粉……………………適量
溶き卵……………………適量
Ⓐ しょうゆ…大さじ1と1/2
　｜ 酒…………………大さじ2
　｜ おろししょうが…小さじ1
Ⓑ 白、黒いりごま
　｜ ……………………各大さじ5
サラダ油……………大さじ2

作り方 (⏱15分)

1. あじは3枚におろし、合わせたⒶ
をまぶしてしばらくおく。

2. 1の汁けをふき、片栗粉、溶き卵、
合わせたⒷの順に衣をつける。

3. フライパンにサラダ油を熱し、2
を強火で両面カリッと焼いたら、
弱火にして5分ほどじっくり焼い
て火を通す。

冷蔵	冷凍	しょうゆ味
3日	1か月	

味チェンジ
Ⓑ → 青のり大さじ5で海の香り

変身

ご飯のおともにぴったり
ほぐし焼きあじ

材料 (5〜6人分)

あじの干物………………4枚
青じそ……………………8枚
Ⓐ 酒、みりん…各大さじ1/2
　｜ 塩……………………小さじ1/2

作り方 (⏱20分)

1. あじの干物はこんがりと焼いて骨
と皮を除き、粗くほぐす。

2. 鍋にⒶを入れて強火にかけ、沸
騰させてアルコールをとばしたら、
1に加えて混ぜる。

3. 2が冷めたら、粗みじん切りにし
た青じそを加えて混ぜる。

冷蔵	冷凍	塩味
3日	1か月	

アレンジ
混ぜご飯に。またそれを焼きおに
ぎりにしても。

メインおかず

ぶり

血合いの部分がきれいなピンク色で、汁けが出ていないものを選びましょう。
脂がのったコクある独特の味わいで、濃いめの味つけと相性ばつぐん。

スピード

冷蔵	冷凍
3日	**1**か月

甘辛

しっかり味でご飯がすすむ
ぶりの照り焼き

材料 (5〜6人分)

ぶり……………………**4切れ**
塩…………………………少々
片栗粉……………………適量
水………………………大さじ2
Ⓐ 砂糖、しょうゆ、酒
　　　　　　　　……各大さじ2
　│ しょうが汁………大さじ1
ごま油…………………大さじ1

作り方 (⏱10分)

1 ぶりは1切れを3等分に切る。塩をふって片栗粉を薄くまぶす。

2 フライパンにごま油を熱し、**1**を強火で両面カリッと焼く。

3 フライパンの余分な脂をふき、分量の水を加えて、弱火で1〜2分蒸し焼きにする。

4 **3**に合わせたⒶを加えて、照りが出るまで強火でからめる。

 食材チェンジ

ぶり4切れ
➡ 鶏むね肉400g

ヘルシー

冷蔵	冷凍
3日	**1**か月

甘酸っぱい

さわやかなしょうが酢であと口さっぱり
ぶりのしょうが酢漬け

材料 (5〜6人分)

ぶり……………………4切れ
しめじ………………1パック
パプリカ(赤)…………1/2個
塩…………………………少々
片栗粉……………………適量
Ⓐ 酢、みりん………各100㎖
　│ しょうゆ、砂糖
　　　　　　　　……各小さじ2
　│ 塩………………小さじ1
　│ しょうが(せん切り)…1片分
サラダ油…………………適量

作り方 (⏱15分)

1 ぶりはひと口大のそぎ切りにし、塩をふってしばらくおき、水けをふいて片栗粉を薄くまぶす。

2 しめじはほぐし、パプリカはヘタと種を除いて細切りにする。

3 フライパンに多めのサラダ油を熱し、**1**を中火で両面カリッと揚げ焼きにする。

4 フライパンの油をふき、**2**を加えてさっと炒め、合わせたⒶを加えてひと煮立ちさせる。

ザーサイが
アクセント
**ブロッコリーと
ザーサイのナムル**
→ P114

食感と味の
バランス◎
**ほうれん草の
くるみあえ**
→ P125

焼いた長ねぎが
ふわっと甘い
**長ねぎの
甘辛焼き**
→ P150

食欲をそそるにんにくじょうゆ味で
ぶりのにんにくじょうゆ揚げ

材料 (5〜6人分)

ぶり ·······················**4切れ**
Ⓐ にんにく（薄切り）··1/2片分
｜ しょうゆ ············大さじ3
｜ みりん、酒 ······各大さじ2
片栗粉 ····················適量
揚げ油 ····················適量

作り方 (⏱15分)

1 ぶりはひと口大のそぎ切りにし、
Ⓐと合わせて10分ほどおく。

2 1の汁けをふき、片栗粉を薄くま
ぶして170℃の揚げ油でカラッ
と揚げる。

🥦🥕 **食材チェンジ**

ぶり4切れ
➡ 鶏もも肉400g

冷蔵 **3**日 ｜ 冷凍 **1**か月 ｜ しょうゆ味

のっけ弁

カレー風味とバターのコクがマッチ
ぶりのカレームニエル

材料 (5〜6人分)

ぶり ·······················**4切れ**
Ⓐ 酒 ···················大さじ1
｜ 塩 ···············小さじ1/2
Ⓑ 小麦粉 ············大さじ4
｜ カレー粉 ·········大さじ1
バター ················大さじ2

作り方 (⏱15分)

1 ぶりは1.5cm幅に切り、Ⓐをま
ぶして10分ほどおく。

2 1の汁けをふき、合わせたⒷを
まぶす。

3 フライパンを熱してバターを溶か
し、2を中火でこんがりと焼き、
火を通す。

 アレンジ

バンズにぶりのムニエル、ゆで卵
とマヨネーズで作ったタルタルソー
スをはさんでバーガー風に。

冷蔵 **3**日 ｜ 冷凍 **1**か月 ｜ スパイシー

変身

たら

身に透明感があり、ピンク色がかったものを選びましょう。
身がやわらかく淡白で、煮ても焼いても蒸してもおいしい、使い勝手のいい魚です。

スピード

冷蔵	冷凍
3日	**1**か月

ピリ辛

淡白なたらに甘辛エスニック味がぴったり

たらのソテー スイートチリソース

材料 (5〜6人分)

生たら………………………**4切れ**
塩、こしょう…………各少々
小麦粉……………………適量
スイートチリソース…大さじ3
サラダ油……………大さじ2

作り方 (⏱10分)

1 生たらはひと口大に切って塩、こしょうをふってしばらくおく。

2 **1**の水けをふき、小麦粉を薄くまぶす。

3 フライパンにサラダ油を熱し、**2**を中火で両面焼いて火を通し、スイートチリソースをからめる。

 味チェンジ

スイートチリソース大さじ3
➡ ポン酢しょうゆ大さじ3、バター大さじ1でコクうまに

ヘルシー

冷蔵	冷凍
3日	**1**か月

こっくり

ブロッコリー＋マヨで彩りおかずに

たらのブロッコリー焼き

材料 (5〜6人分)

甘塩たら………………**4切れ**
ブロッコリー……………50g
酒………………………大さじ1
マヨネーズ…………大さじ2

作り方 (⏱20分)

1 甘塩たらは1切れを3等分に切り、酒をふってしばらくおき、汁けをふく。

2 ブロッコリーは粗みじん切りにし、マヨネーズを混ぜる。

3 オーブントースターで**1**を5分焼き、**2**をのせてさらに7分焼く。

 **食材チェンジ**

甘塩たら4切れ
➡ 生鮭4切れ

噛みごたえばつぐんで
腹持ち◎
**たことオリーブの
トマト煮**
→P102

いかの燻製の
濃い味がよく合う
**ピーマンといかの
ラー油あえ**
→P128

コクとうまみが
しみしみ
**豚肉と切り昆布の
煮もの**
→P168

のっけ弁

水の出にくい野菜を使ってとろみあんに

たらの野菜あん

材料 (5〜6人分)

生たら	**5切れ**
しいたけ	2枚
にんじん	1/4本
さやえんどう	4枚
塩、こしょう	各少々
片栗粉	適量
A だし汁	100mℓ
酒	大さじ1
しょうゆ、みりん	各大さじ1/2
B 水	大さじ1と1/2
片栗粉	小さじ2
サラダ油	少々

作り方 (⏰20分)

1. 生たらは半分に切り、塩、こしょうをふって片栗粉を薄くまぶす。しいたけは薄切り、にんじん、さやえんどうはせん切りにする。

2. フライパンにサラダ油を熱して、**1**のたらの両面を中火でカリッと焼く。

3. 鍋に**A**を入れて熱し、**1**の野菜を入れて中火で3分ほど煮る。合わせた**B**を加えてかためにとろみをつけ、**2**にかける。

冷蔵	冷凍
3日	**1**か月

あっさり

変身

レンジでふんわり！上品な風味

たらのレンジ香味蒸し

材料 (5〜6人分)

甘塩たら	**4切れ**
長ねぎ	1/2本
しょうが	1片
A ごま油	大さじ1
酒	大さじ1/2
しょうゆ	小さじ1

作り方 (⏰15分)

1. 甘塩たらは1切れを3等分に切る。

2. 長ねぎ、しょうがはみじん切りにする。

3. 耐熱容器に**1**を並べ、**2**を散らして**A**をかけ、ラップをふんわりかけて電子レンジ(600W)で8分加熱する。

 アレンジ
たらを香味野菜といっしょに刻んで、溶き卵に混ぜて卵焼きに。

冷蔵	冷凍
3日	**1**か月

しょうゆ味

さんま

一年中食べられますが、旬は秋。口先が黄色くなっているものは脂がのっています。
作りおきにはしっかりめの味つけにするのがコツです。

スピード

青魚を山椒の風味でピリッと食べやすく
さんまのかば焼き

材料（5〜6人分）

さんま	4尾
小麦粉	適量
Ⓐ しょうゆ、みりん	各大さじ1
砂糖	大さじ1/2
酒	大さじ2
粉山椒	適量
サラダ油	大さじ1

作り方（🕙15分）

1. さんまは3枚におろし、1枚を4等分に切って小麦粉を薄くまぶす。

2. フライパンにサラダ油を熱し、**1**を皮目から中火で焼く。

3. 両面が焼けたら、合わせたⒶを加え、汁けがなくなるまで煮からめて粉山椒をふる。

冷蔵	冷凍	
3日	1か月	甘辛

 味チェンジ

粉山椒適量
➡ 七味唐辛子適量で辛さ変更

ヘルシー

トマトとチーズで飽きのこない味に
さんまのイタリアングリル

材料（5〜6人分）

さんま	3尾
塩、こしょう	各少々
プチトマト	8個
バジル	4枚
ピザ用チーズ	40g

作り方（🕙20分）

1. さんまは3枚におろし、1枚を4等分に切り、塩、こしょうをふってしばらくおき、水けをふく。プチトマトはヘタを取って、輪切りにする。

2. アルミカップ6個に**1**を等分に重ね入れ、ちぎったバジル、ピザ用チーズをのせて、オーブントースターで10分ほど焼く。

冷蔵	冷凍	
3日	1か月	こっくり

食材チェンジ

バジル4枚
➡ 青じそ2枚

さっぱり味の
コロコロサラダ
**パプリカと
ひよこ豆のマリネ**
➡P105

ローズマリーが
ふんわり香る
**フライド
ハーブポテト**
➡P139

梅の風味が
心地いい
**切り干し大根の
梅辛子ポン酢**
➡P166

みそ風味でこっくり、じっくり煮込んで
さんまのみそ煮

材料 (5〜6人分)

さんま‥‥‥‥‥‥‥‥‥**4尾**
しょうが‥‥‥‥‥‥‥‥‥1片
塩‥‥‥‥‥‥‥‥‥‥‥少々
Ⓐ 水‥‥‥‥‥‥‥‥‥‥200㎖
　酒、みりん‥‥‥‥大さじ4
　みそ‥‥‥‥‥‥‥‥大さじ3

作り方 (⏱20分)

1 さんまは筒切りにして、内臓を取り、水洗いして水けをふく。塩をふってしばらくおき、水けをふく。

2 鍋にⒶ、薄切りにしたしょうがを入れて煮立て、1を加えて落としぶたをし、15分煮る。

 **食材チェンジ**
さんま4尾 ➡ さば2尾

冷蔵	冷凍
3日	1か月

みそ味

のっけ弁

くるくる巻いたさっぱりおめかしおかず
さんまの青じそ巻き

材料 (5〜6人分)

さんま‥‥‥‥‥‥‥‥‥**4尾**
青じそ‥‥‥‥‥‥‥‥‥8枚
塩、こしょう‥‥‥‥‥各少々
小麦粉‥‥‥‥‥‥‥‥‥適量
サラダ油‥‥‥‥‥‥‥‥適量

作り方 (⏱20分)

1 さんまは3枚におろして塩、こしょうをふってしばらくおく。

2 1の水けをふいて小麦粉を薄くまぶし、身のほうに、半分に切った青じそを1枚分のせてくるくると巻き、つま楊枝でとめる。

3 フライパンにサラダ油を熱し、2を中火で両面焼いてふたをし、弱火で5分ほど焼いて火を通す。

🦐🐙 **アレンジ**
パン粉、バターをのせてこんがりと焼く。または、ご飯にのせてお茶をかけ、梅干しを添えてお茶漬け風に。

冷蔵	冷凍
3日	1か月

塩味

変身

めかじき

身がしっかりとしていて、骨もなく、調理しやすい白身魚。
パサつきやすいので、加熱しすぎに注意を。

スピード

冷蔵	冷凍
3日	**1**か月

しょうゆ味

焼きのりで巻いて風味豊かな味わいに
めかじきの磯辺焼き

材料 (5〜6人分)

めかじき ················· **4切れ**
焼きのり ··················· 2枚
Ⓐ しょうゆ········· 大さじ1
酒、しょうが汁
················ 各小さじ2
小麦粉······················ 適量
サラダ油················ 大さじ1

作り方 (⏱15分)

1 めかじきは8mm厚さのそぎ切り
にし、合わせたⒶに漬ける。焼き
のりは、めかじきの数に合わせて
切る。

2 めかじきの汁けをふき、小麦粉を
薄くまぶして、焼きのりで巻く。

3 フライパンにサラダ油を熱し、中
弱火で**2**を両面3〜4分ずつ焼い
て火を通す。

 食材チェンジ
めかじき4切れ
➡ 生鮭4切れ

ヘルシー

冷蔵	冷凍
3日	**1**か月

スパイシー

スパイシーなカレー粉が味のまとめ役
めかじきのカレーソテー

材料 (5〜6人分)

めかじき ················· **4切れ**
玉ねぎ ···················· 1/2個
ピーマン ···················· 2個
塩、こしょう ··········· 各少々
小麦粉······················ 適量
Ⓐ しょうゆ···大さじ1と1/2
カレー粉、酒
············· 各大さじ1/2
オリーブ油··········· 大さじ1

作り方 (⏱15分)

1 めかじきは1.5cm幅のスティッ
ク状に切り、塩、こしょうをふり
小麦粉を薄くまぶす。

2 玉ねぎは1cm幅のくし形切り、ヘ
タと種を除いたピーマンは長めの
乱切りにする。

3 フライパンにオリーブ油を熱し、
1を中火で炒める。焼き色がつい
たら、**2**を加えて炒め合わせ、火
を通す。Ⓐを加えてさっと炒め
合わせる。

 食材チェンジ
めかじき4切れ
➡ 鶏ささみ8本

彩り鮮やか
アジアンテイスト
**プチトマトの
エスニックサラダ**
➡ P103

お弁当の
華やかさアップ
**ブロッコリーと
えびのデリ風サラダ**
➡ P115

みそドレッシングが
しっかり効いて
**ほうれん草の
豚しゃぶサラダ**
➡ P124

マヨネーズ＋オイスターソースの濃厚な合わせワザ

めかじきのオイスターソース炒め

材料 (5〜6人分)

めかじき ………………**4切れ**
玉ねぎ …………………1個
パプリカ(赤・黄)……各1/2個
片栗粉 …………………適量
🔺 マヨネーズ………大さじ2
　 オイスターソース、酒
　　…………………各大さじ1
サラダ油 ……………大さじ2

味チェンジ

オイスターソース大さじ1
➡ ポン酢しょうゆ大さじ1でさっぱり味に

作り方 (⏲20分)

1 めかじきはひと口大に切り、片栗粉を薄くまぶす。

2 玉ねぎ、ヘタと種を除いたパプリカは乱切りにする。

3 フライパンにサラダ油を熱して**1**を中火で焼き、焼き色がついたら取り出す。

4 **3**のフライパンで玉ねぎを中火で炒め、しんなりしてきたら、パプリカ、取り出しためかじき、🔺を加えて全体がなじむまで炒め合わせる。

冷蔵	冷凍	
3日	1か月	こっくり

のっけ弁

黒こしょうたっぷりが味の決め手

めかじきのガーリックステーキ

材料 (5〜6人分)

めかじき ………………**4切れ**
にんにく ………………1片
塩 ………………小さじ1/2
粗びき黒こしょう………適量
オリーブ油…………大さじ1

アレンジ

トマトソース、玉ねぎ、ピーマンといっしょに煮て、トマト煮にする。

作り方 (⏲20分)

1 めかじきは2cm角に切り、塩をふってしばらくおき水けをふく。にんにくは薄切りにする。

2 フライパンにオリーブ油を熱し、にんにくを中火でカリカリになるまで炒めて取り出す。

3 **1**のめかじきの両面を中火でこんがりと焼いて、粗びき黒こしょうをしっかりふる。**2**のにんにくをのせ、さらに粗びき黒こしょうをふる。

冷蔵	冷凍	
3日	1か月	塩味

変身

83

さば

脂もうまみもたっぷりの青背の魚。
中までしっかり火を通し、臭み消しには、香辛料や香味野菜を使いましょう。

スピード

冷蔵	冷凍	
3日	**1**か月	塩味

レモンのおかげでさっぱりさわやか

さばのレモン風味焼き

材料 (5〜6人分)

生さば(半身)················2枚
レモン····················1個
Ⓐ 酒·················大さじ1
　　塩···············小さじ1/2
サラダ油··········大さじ1/2

作り方 (⏱15分)

1 生さばは5cm幅に切ってⒶをふってしばらくおき、水けをふく。レモンは半月切りにする。

2 フライパンにサラダ油を熱し、さばを皮目を下にして並べて中火で3分焼く。

3 焼き色がついたら裏返してレモンをのせて、弱火で6分焼いて中まで火を通す。

 味チェンジ

レモン1個
➡ ローズマリー1枝でハーブ風味

ヘルシー

冷蔵	冷凍	
3日	**1**か月	さっぱり

セロリがいい仕事してます

さばの南蛮漬け

材料 (5〜6人分)

塩さば(半身)················2枚
玉ねぎ···················小1個
にんじん···············1/2本
セロリ···················小1本
塩···················小さじ1/2
小麦粉··················適量
Ⓐ 水··················100ml
　　めんつゆ(3倍濃縮)、酢
　　　　　　　　····各大さじ4
　　砂糖···············大さじ2
　　赤唐辛子················1本
揚げ油··················適量

作り方 (⏱40分＋漬け時間20分)

1 塩さばは3cm幅のそぎ切りにし、塩をふってしばらくおき、水けをふいて小麦粉を薄くまぶす。

2 玉ねぎは薄切り、にんじん、セロリは4cm長さのせん切りにする。セロリの葉はざく切りにする。

3 ボウルにⒶを合わせて、セロリの葉以外の**2**を加える。

4 170℃の揚げ油に、**1**を入れて、4分ほどカラッと揚げて油をきる。揚がったものから**3**に漬け、セロリの葉を混ぜて味をなじませる(20分)。

チーズの衣が
香ばしい
**ズッキーニの
チーズピカタ**
➡ P133

コンビーフのうまみが
混ざり合う
**玉ねぎとコンビーフの
卵炒め**
➡ P144

こっくり甘辛
みそ味
なすみそ炒め
➡ P161

さばとトマトがうまみを引き立て合う
さばのトマト煮

材料 (5〜6人分)

塩さば(半身)‥‥‥‥‥‥‥**2枚**
玉ねぎ‥‥‥‥‥‥‥‥‥1/2個
小麦粉‥‥‥‥‥‥‥‥‥適量
Ａ カットトマト(缶詰)
‥‥‥‥‥‥‥1缶(400g)
水‥‥‥‥‥‥‥‥‥100mℓ
白ワイン‥‥‥‥‥大さじ2
塩‥‥‥‥‥‥‥‥小さじ1/2
粗びき黒こしょう‥‥適量
パセリ(みじん切り)‥‥‥‥適量
オリーブ油‥‥‥‥‥大さじ2

作り方 (⏱20分)

1 塩さばはひと口大に切って、小麦粉を薄くまぶす。玉ねぎはみじん切りにする。

2 フライパンにオリーブ油半量を熱し、さばの皮目を下にして並べる。中火で両面を焼き、焼き色がついたら取り出す。

3 フライパンをさっとふいて、残りのオリーブ油を熱し、玉ねぎをしんなりするまで炒める。**Ａ**を加えて強火で煮立て、中火にして、**2**を戻し入れてさらに1〜2分煮つめ、パセリをふる。

のっけ弁

冷蔵	冷凍
3日	**1**か月

こっくり

脂ののったさばを、こんがり香ばしく
焼きしめさば

材料 (5〜6人分)

生さば(3枚おろし)‥‥‥‥**2尾分**
塩‥‥‥‥‥‥‥‥‥‥小さじ2
砂糖‥‥‥‥‥‥‥‥‥小さじ1
酢、酒‥‥‥‥‥‥‥各大さじ2
粗びき黒こしょう‥‥‥‥適量

作り方 (⏱50分)

1 生さばは1枚を3等分に切り、塩をふって5分おいてから、砂糖、酢をまんべんなくかけ、さらに15分おく。

2 **1**の汁けをふき、酒をまぶし、粗びき黒こしょうをたっぷりとふる。

3 オーブンの天板にアルミホイルを敷いてサラダ油少々(分量外)を塗り、**2**をのせて200℃で18分ほど焼く。

🌶 アレンジ
食べやすく切って、すし飯にのせてラップをして形を整える。甘酢しょうがや青じそを挟んでも。

変身

冷蔵	冷凍
3日	**1**か月

甘酸っぱい

85

いか

目が黒く澄んで、身に透明感のあるものが新鮮です。
また、冷凍のカットいかを使うのも手軽でよいでしょう。

スピード

つぶつぶたらこがコクのあるアクセント
いかのたらこあえ

材料 (5〜6人分)

いか (冷凍カットいか)‥‥‥**400g**
たらこ‥‥‥‥‥‥‥‥‥‥1腹
みりん‥‥‥‥‥‥‥‥大さじ1
小ねぎ‥‥‥‥‥‥‥‥‥‥3本
オリーブ油‥‥‥‥‥大さじ1/2

作り方 (⏱10分)

1 いかは解凍する。たらこは薄皮を
むく。

2 フライパンにオリーブ油を熱し、
1を中火で炒め、みりんを加えて
炒め合わせ、小口切りにした小ね
ぎを散らす。

冷蔵	冷凍
3日	**1**か月

塩味

 **食材チェンジ**
小ねぎ3本
➡ 青じそ3枚

ヘルシー

セロリの香りと唐辛子がマッチ
いかとセロリのピリ辛炒め

材料 (5〜6人分)

いか (冷凍カットいか)‥‥‥**200g**
セロリ‥‥‥‥‥‥‥‥‥‥2本
赤唐辛子 (小口切り)‥‥‥‥1本分
酒‥‥‥‥‥‥‥‥‥‥‥大さじ1
塩、こしょう‥‥‥‥‥‥各少々
ごま油‥‥‥‥‥‥‥‥‥大さじ1

作り方 (⏱10分)

1 いかは解凍する。セロリは斜め切
りにする。

2 フライパンにごま油を熱し、**1**、
赤唐辛子を中火で炒め、酒を加え
て火を強め、塩、こしょうで味を
調える。

冷蔵	冷凍
3日	**1**か月

ピリ辛

 **食材チェンジ**
セロリ2本
➡ パプリカ1個

ピーナッツの香ばしさが
よく合う
ベトナム風なます
→ P99

カラフル野菜を
取りそろえて
**焼き野菜の
マリネ**
→ P107

ヤングコーンの
食感をたのしむ
**ピーマンの
コンビーフソテー**
→ P129

カレーにマヨネーズをプラスしてまろやかに
いかのカレーピカタ

材料（5〜6人分）

いか（冷凍カットいか）・・・・・**250g**
ズッキーニ・・・・・・・・・・・・・大1本
塩、こしょう・・・・・・・・・・各少々
小麦粉・・・・・・・・・・・・・・・・・・適量
A 卵・・・・・・・・・・・・・・・・・・・2個
　マヨネーズ・・・・・・・大さじ1
　カレー粉・・・・・・・小さじ1/2
オリーブ油・・・・・・・・・・大さじ2

作り方（⏱15分）

1 いかは解凍する。ズッキーニは1cm幅の輪切りにする。
2 1に塩、こしょうをふり、小麦粉を薄くまぶす。
3 フライパンにオリーブ油を熱し、合わせたAに2をくぐらせて入れ、中火で4〜5分両面をこんがり焼いて火を通す。

 **味チェンジ**
カレー粉小さじ1/2
→ パセリ、粉チーズ各大さじ1で
洋風に

のっけ弁

冷蔵 3日 ｜ 冷凍 1か月 ｜ スパイシー

お弁当にうれしい定番和風おかず
いかのやわらか煮

材料（5〜6人分）

するめいか・・・・・・・・・・・・・・・・3杯
A しょうゆ・・・・・・・・・大さじ3
　みりん、砂糖、酒
　・・・・・・・各大さじ1と1/2

作り方（⏱15分）

1 するめいかは足を抜いて、はらわたを除いて下処理し、胴は輪切り、足はざく切りにする。
2 鍋にAを入れて強火で煮立て、1を加えて中火にし、火が通ったらいったん取り出す。
3 煮汁を煮つめて照りが出たら、2のいかを戻し入れて煮からめる。

変身

アレンジ
塩ゆでしたチンゲン菜と合わせ、ごま油を加えてあえる。

冷蔵 3日 ｜ 冷凍 1か月 ｜ 甘辛

87

メインおかず

えび

身に透明感のあるものを選んで。背わたが残っていると、生臭さや苦味が
残るので、しっかり取り除きましょう。

子どもも喜ぶ、コンソメ＆チーズ味

えびとマッシュルームのコンソメチーズ

材料 (5〜6人分)

むきえび……………**大30尾**
マッシュルーム………20個
A 塩……………小さじ1/2
  こしょう……………少々
  オリーブ油……大さじ1
B 粉チーズ………大さじ2
  コンソメスープの素(顆粒)
  ……………小さじ1

作り方 (⏱10分)

1 背わたを取ったむきえびと半分に
切ったマッシュルームは**A**をま
ぶして、オーブントースターで焼
いて火を通し、汁けを軽くきる。

2 ボウルに**B**を合わせ、**1**を熱い
うちに加えてあえる。

冷蔵	冷凍	こっくり
3日	1か月	

 味チェンジ

B ➡ 粉チーズ大さじ2と1/2、レ
モン汁小さじ2でさっぱり味に

相性ばつぐんのえび＆アスパラで

えびとアスパラの中華風炒め煮

材料 (5〜6人分)

えび(殻つき)……………**20尾**
グリーンアスパラガス…6本
長ねぎ………………1/2本
しょうが……………1/2片
A 塩、こしょう………各少々
  酒………………小さじ1
B 水………………100㎖
  鶏がらスープの素(顆粒)、
  しょうゆ、片栗粉
  ……………各小さじ1
  豆板醤………小さじ1/2
ごま油……………大さじ1

作り方 (⏱15分)

1 えびは尾を残して殻をむき、背に
切り込みを入れて背わたを取り、
Aをもみ込む。

2 グリーンアスパラガスは5cm長
さの斜め切りにする。長ねぎ、し
ょうがはみじん切りにする。

3 フライパンにごま油を熱し、**1**、
長ねぎ、しょうがを中火で炒める。
えびの色が変わったら、合わせた
Bとアスパラガスを加え、とろみ
がつくまで炒め煮にする。

冷蔵	冷凍	ピリ辛
3日	1か月	

にんじんの甘さが
引き立つ
**にんじんとみつばの
落とし焼き**
➡ P98

ピリ辛味の
ほっくりかぼちゃ
**かぼちゃと豚肉の
南蛮煮**
➡ P110

もちもちっと
食べごたえあり
れんこんボール
➡ P148

甘めのたれがえびによく合う♪

えびのケチャップ照り焼き

材料 (5〜6人分)

えび(殻つき)	18尾
玉ねぎ	1/2個
A 酒	大さじ2
塩、こしょう	各少々
B 水	大さじ4
トマトケチャップ	大さじ2
しょうゆ	大さじ1/2
砂糖、片栗粉	各小さじ1
鶏がらスープの素(顆粒)	小さじ1/2
サラダ油	大さじ1

作り方 (⏱15分)

1 えびは尾を残して殻をむき、背わたを取って **A** をもみ込む。玉ねぎは1cm幅のくし形切りにする。

2 フライパンにサラダ油を熱し、玉ねぎを中火で炒める。えびを調味料ごと加えてふたをして、1分ほど蒸し焼きにする。

3 **2** に合わせた **B** を加えて、照りが出るまで煮からめる。

のっけ弁

冷蔵	冷凍
3日	**1**か月

甘酸っぱい

バターでシンプルに炒めてうまみを引き出して

えびのパセリバターソテー

材料 (5〜6人分)

えび(殻つき)	18尾
塩	小さじ1/2
こしょう	少々
パセリ(みじん切り)	小さじ1
バター	大さじ2

作り方 (⏱10分)

1 えびは尾を残して殻をむき、背に切り込みを入れて背わたを取り、塩、こしょうをふる。

2 フライパンを熱してバターを溶かし、**1** を炒めて火を通し、パセリを加えてあえる。

変身

冷蔵	冷凍
3日	**1**か月

塩味

 アレンジ

粉チーズをふってトースターでこんがりと焼く。コンソメスープにご飯とともに加えて、リゾット風にしても。

メインおかず

たこ・貝類

たこも貝も、噛みごたえがあって、低カロリーなヘルシー食材。
たこは身が締まって弾力のあるもの、貝類は殻に光沢のあるものが良品です。

スピード

スペイン風の味つけがあとを引く

たこのガリシア風

材料 (5〜6人分)

ゆでだこ	400g
じゃがいも	2個
黒オリーブ (種抜き)	8個
にんにく (みじん切り)	1片分
Ⓐ 塩	小さじ1/2
こしょう、チリペッパー	各少々
オリーブ油	大さじ1と1/2

作り方 (⏱10分)

1. じゃがいもは1.5cm角に切って水にさらし、ザルにあげる。水けをきって耐熱容器に入れてラップをし、電子レンジ(600W)で1分半加熱する。

2. ゆでだこはひと口大に切り、黒オリーブは輪切りにする。

3. フライパンにオリーブ油、にんにくを入れて弱火にかけ、香りが立ったら **1** を中火で炒める。焼き色がついたら、**2** を加えてさっと炒め、Ⓐ で調味する。

 食材チェンジ

ゆでだこ400g
➡ えび400g

冷蔵	冷凍	
3日	**1**か月	ピリ辛

ヘルシー

あさりのうまみが卵と絶妙にマッチ

あさりとにらの卵焼き

材料 (5〜6人分)

あさりの水煮 (缶詰)	100g
にら	1束
卵	2個
塩	少々
こしょう	適量
ごま油	大さじ1と1/2

作り方 (⏱15分)

1. にらは4cm長さに切る。あさりの水煮は缶汁をしっかりきる。

2. 卵を溶きほぐして塩、こしょうを混ぜ、**1** を加えてさっくり混ぜる。

3. フライパン(24cm)にごま油を熱し、**2** を流し入れてふたをし、中火で5分ほど焼く。ふたをはずして裏返してさっと表面を焼いて、火を通す。粗熱がとれたら切り分ける。

 食材チェンジ

あさりの水煮100g
➡ かに風味かまぼこ100g

冷蔵	冷凍	
3日	**1**か月	塩味

詰めやすくて
食べやすい
**アスパラとチキンの
串揚げ**
→ P126

甘辛だれの
韓国風おかず
ダッカルビ
→ P150

肉を挟んだ
ボリュームおかず
**なすのはさみ
照り焼き**
→ P160

のっけ弁

カレー粉とケチャップでお手軽味つけ

のっけてパエリア

材料 (5〜6人分)

シーフードミックス (冷凍)
………………………250g
鶏もも肉………………1枚
パプリカ (赤・黄)……各1/2個
玉ねぎ………………1/2個
にんにく (みじん切り)…1片分
塩、こしょう…………各少々
Ⓐ カレー粉、酒、トマトケチ
　　ャップ………各大さじ1
　　コンソメスープの素 (顆粒)
　　………………小さじ1
パセリ (みじん切り)………適量
オリーブ油…………大さじ1

作り方 (⏱15分)

1 鶏もも肉は食べやすく切って塩、こしょうをふる。ヘタと種を除いたパプリカ、玉ねぎは1cm幅に切る。

2 フライパンにオリーブ油を熱し、鶏肉と玉ねぎを中火で炒める。肉の色が変わったら、解凍したシーフードミックスとにんにくを加えてさらに炒める。

3 香りが立ったら、合わせたⒶを加えて炒め合わせ、パプリカを加えて手早く炒め、パセリをふる。

冷蔵	冷凍
3日	**1**か月

スパイシー

変身

うまみたっぷりのほたてが絶品

ほたての甘辛煮

材料 (5〜6人分)

ボイルほたて…………400g
Ⓐ しょうゆ、みりん、酒
　　………各大さじ2と1/2
　　砂糖……………大さじ1
サラダ油………大さじ1/2

作り方 (⏱15分)

1 フライパンにサラダ油を熱し、しっかり水けをふいたボイルほたてを色づくまで中火で炒める。

2 合わせたⒶを加えて中火で煮立て、照りが出るまで煮からめる。

冷蔵	冷凍
4日	**1**か月

甘辛

 アレンジ
煮汁ごと米に加えて炊いて、炊き込みご飯に。

色別すきま食材

入れるだけですきまを調節して、彩りにもなる食材を紹介します。

見た目華やか 赤

プチトマト

赤や黄色がある。衛生上、
ヘタを取りましょう。

かまぼこ

そのまま食べてもおいし
く、切り方でも楽しめる。

梅干し

ご飯のおともにも、すき
ま食材にも使える。

ほんわか色の 黄

うずらの卵

半分に切って黄身を見せ
るとかわいい。

たくあん

ご飯がすすむ味と食感。
刻んだり細切りにしても。

にんじん

オレンジ色でいいポイン
トに。生でもゆでても。

引きしめ色の 緑

ブロッコリー

ボリュームがあるので、
すきま食材にぴったり。

青じそ

さわやかな香りの仕切り
に。殺菌作用も期待。

フリルレタス

葉先が色が濃くて、入れ
るとさっとおしゃれに。

はっきり 白・黒

昆布の佃煮

味が濃いめで、お弁当の
味のアクセントにも。

ちくわ

斜め切りにして入れて。
穴にきゅうりを詰めても。

プロセスチーズ

キャンディ型や三角形な
ど形はいろいろ。

サブおかず

4タイプのサブおかずを紹介します。
一番簡単にできるラクラク、メインにもなるボリューム、
見栄えがするおしゃれ、冷蔵で4日以上持つ長持ちがあります。

ラクラク ボリューム おしゃれ 長持ち

お弁当カタログ

はちみつレモン
寒天➡P155

●ゆでブロッコリー

● 主食
具だくさんサンド
➡P180

具だくさんサンドイッチ弁当

● サブおかず
アスパラとチキンの
串揚げ➡P126

● サブおかず
ほうれん草と
マカロニの
カップサラダ
➡P123

● メインおかず
野菜ときのこの
ベーコン巻き
➡P70

● 主食
ご飯＆みじん
切りのパセリ

ピックおかず弁当

パエリア風のっけ弁当

● メインおかず
のっけてパエリア➡P91

● 主食　ご飯

● 主食
ご飯＆ふりかけ

● メインおかず
牛肉のプルコギ
炒め➡P65

● サブおかず
ごぼうの韓国風煮
➡P157

プルコギで韓国風弁当

● サブおかず
しらすと小ねぎの
卵焼き➡P34

●ゆでスナップえんどう

● サブおかず
じゃがいもの
スペイン風オムレツ
➡P108

● メインおかず
ささみのえびチリ風
→P47

● サブおかず
もやしの酢のもの
→P147

●ゆでブロッコリー

● 主食
豚肉の中華風
炊き込みご飯
→P179

中華風炊き込みご飯弁当

クリスピーチキン弁当

● 主食　ご飯＆刻みのり

● サブおかず
ブロッコリーの
ミニグラタン
→P117

● サブおかず
大根とベーコンの
ペッパー炒め
→P152

● メインおかず
ささみのクリスピー
チキン→P47

アレンジハンバーグ弁当

● サブおかず
プチトマトとベーコンの
ラタトゥイユ→P101

● メインおかず
さばの南蛮漬け
→P84

● サブおかず
揚げごぼうの
スイートサラダ
→P159

● サブおかず
ピーマンの
コンビーフソテー
→P129

● 主食
ご飯＆昆布の
佃煮

洋風お魚弁当

● サブおかず　小松菜のバターナッツあえ→P135

● メインおかず　チーズのせハンバーグ→P31

● 主食　ご飯＆ふりかけ

● サブおかず

にんじん

皮にハリがあり、鮮やかなオレンジ色で重量感のあるものを。
加熱時間を短めにして、歯ごたえを活かしても。

ラクラク

冷蔵	冷凍
3日	**1**か月

さっぱり

中華ドレッシングで手軽な温サラダ

にんじんとれんこんのすっぱ炒め

材料 (5〜6人分)

にんじん…………**2本**(400g)
れんこん………………………1節
中華ドレッシング(市販)
………………………………90㎖
白いりごま……………少々
サラダ油……………大さじ1

作り方 (⏱5分)

1 れんこんはいちょう切りにし、水にさらす。にんじんはれんこんの大きさに合わせ、半月切りかいちょう切りにする。

2 フライパンにサラダ油を熱し、**1**を中火で炒める。

3 油が回ったら火を止めて、中華ドレッシングであえて白いりごまをふる。

 味チェンジ

中華ドレッシング90㎖
➡ フレンチドレッシング90㎖でさわやかに

ボリューム

冷蔵	冷凍
3日	**1**か月

ピリ辛

ベーコン&チーズに黒こしょうを効かせて

にんじんとチーズのベーコン巻き

材料 (5〜6人分)

にんじん…………**1本**(200g)
スライスチーズ…………4枚
ベーコン…………………8枚
塩…………………………少々
粗びき黒こしょう………適量

作り方 (⏱15分)

1 にんじんは4mm角の細切りにして耐熱容器に入れ、ラップをかけて電子レンジ(600W)で1分加熱し、塩をふって粗熱をとる。スライスチーズは縦に4等分に切る。ベーコンは長さを半分に切る。

2 ベーコン1切れにスライスチーズ1切れと等分にしたにんじんをのせて巻く。2本ずつまとめてつま楊枝2本でとめる。

3 油をひかずにフライパンの中火で両面さっと焼き、粗びき黒こしょうを多めにふる。

味チェンジ

粗びき黒こしょう適量
➡ カレー粉適量でスパイシーに

チーズで
洋風つくね
ささみチーズボール
→ P46

じんわりやさしい
昔ながらの味わい
**牛肉とごぼうの
しぐれ煮**
→ P67

食欲そそる
香ばしさ
**めかじきの
ガーリックステーキ**
→ P83

おしゃれ

はちみつでまろやかな甘さ
リボンキャロットラペ

材料 (5〜6人分)

にんじん………2本 (400g)
レーズン……………大さじ2
パセリ (みじん切り)…大さじ2
オリーブ油…………大さじ2
はちみつ……………小さじ2
塩………………小さじ1/2

作り方 (🕐 10分＋漬け時間30分)

1 にんじんはピーラーでリボン状に
スライスする。

2 保存容器にすべての材料を合わ
せて、冷蔵庫で味をなじませる
(30分)。

 味チェンジ
はちみつ小さじ2
→ 粒マスタード小さじ2でピリッと

冷蔵	冷凍	
3日	**1か月**	**甘酸っぱい**

長持ち

コーンのつぶつぶと青のりの香りをたのしむ
にんじんとコーンのきんぴら

材料 (5〜6人分)

にんじん…………2本 (400g)
ホールコーン (缶詰)……150g
Ⓐ しょうゆ、みりん
………………各大さじ2
塩、こしょう………各少々
一味唐辛子、青のり
………………各少々
サラダ油……大さじ1と1/2

作り方 (🕐 10分)

1 にんじんは縦4等分に切り、さら
に細長い乱切りにする。

2 フライパンにサラダ油を中火で熱
して1を炒め、缶汁をきったホー
ルコーンを加え、全体に油が回っ
たらⒶを加えて炒め合わせる。
一味唐辛子、青のりをふる。

 味チェンジ
サラダ油大さじ1と1/2
→ バター10gでコクをアップ

冷蔵	冷凍	
4日	**1か月**	**甘辛**

97

● サブおかず（にんじん）

ラクラク

冷蔵 **3日** ｜ 冷凍 **×** ｜ みそ味

ヨーグルトとみそで漬けもの風

にんじんのヨーグルトみそ漬け

<u>材料</u>（5〜6人分）

にんじん…………**2本（400g）**
きゅうり………………………2本
塩…………………………大さじ1
Ⓐ みそ………………………100g
　 プレーンヨーグルト
　 ………………………大さじ2

<u>作り方</u>（⏲15分＋漬け時間ひと晩）

1 にんじんは縦4等分に切って塩をもみ込み10分おいて洗う。きゅうりは半分に切る。

2 保存容器にⒶを合わせ、水けをふいた**1**を加えて密閉するように上からラップをはりつける。

3 冷蔵庫で漬ける（ひと晩）。使うときは洗って水けをふき、食べやすい大きさに切る。

🥦🥕 食材チェンジ

にんじん2本
➡ 大根1/3本

ボリューム

冷蔵 **3日** ｜ 冷凍 **1か月** ｜ 塩味

にんじんの甘い香りがふんわり漂う

にんじんとみつばの落とし焼き

<u>材料</u>（5〜6人分）

にんじん…………**2本（400g）**
みつば…………………………6本
塩……………………………小さじ1/2
Ⓐ 小麦粉…………………1/2カップ
　 水……………………………100㎖
　 卵……………………………1個
　 塩…………………………小さじ1/2
　 こしょう……………………少々
サラダ油………………………大さじ2

<u>作り方</u>（⏲20分）

1 にんじんはせん切りにして、塩をふってしばらくおき、しっかり水けを絞る。みつばはざく切りにする。

2 ボウルにⒶの卵を溶きほぐし、水を入れて混ぜたら残りを加えてしっかり混ぜ、にんじんを加えてさっくり混ぜる。

3 フライパンにサラダ油を中火で熱し、**2**を大さじ1ずつ入れて直径5cmにととのえる。中央にみつばをのせて、焼き色がついたら裏返し、じっくり焼いて火を通す。

🥦🥕 食材チェンジ

みつば6本
➡ ほうれん草1株

クリームチーズに黒こしょうがいいアクセント

にんじんとアスパラのチーズあえ

材料 (5～6人分)

にんじん…………**2本(400g)**
グリーンアスパラガス…**4本**
Ⓐ クリームチーズ………80g
　はちみつ………大さじ1/2
　塩……………小さじ1/2
　粗びき黒こしょう…少々

作り方 (⏱15分)

1️⃣ グリーンアスパラガスは5cm長さに切る。にんじんはアスパラガスの長さに合わせて8mm角のスティック状に切る。

2️⃣ 湯を沸かしてにんじんを1分ほどゆで、アスパラガスを加えてさらに30秒～1分ゆでる。ザルにあげ、水けをしっかりふく。

3️⃣ ボウルにⒶを入れて練り合わせ、2️⃣を加えてあえる。

冷蔵	冷凍
3日	×

こっくり

 アレンジ

バゲットに挟むだけでデリ風のサンドイッチに。

パクチーの香りとナンプラーがポイント

ベトナム風なます

材料 (5～6人分)

にんじん…………**1本(200g)**
大根………………1/3本
ピーナッツ………大さじ1
パクチー……………適量
塩………………小さじ1/2
Ⓐ 酢……………大さじ2
　砂糖…………大さじ1
　ナンプラー
　………大さじ1と1/2
　赤唐辛子(小口切り)…1本分

作り方 (⏱15分)

1️⃣ にんじんと大根はせん切りにして、塩をふってしんなりするまで10分ほどおく。

2️⃣ ピーナッツとパクチーはみじん切りにする。

3️⃣ 保存容器にしっかり水けを絞った1️⃣を入れ、Ⓐとピーナッツを加えてあえ、パクチーを加えてざっと混ぜる。

冷蔵	冷凍
4日	×

甘酸っぱい

 味チェンジ

ナンプラー大さじ1と1/2
➡塩小さじ2/3でさっぱり味に

おしゃれ

長持ち

トマト・プチトマト

おしりがつんとしていて、放射状に伸びる線が入っているものを。
水けが出るので、マリネにしたり、加熱調理をしたほうが作りおき向き。

ラクラク

和の風味がほどよくしみ込む
プチトマトとさやえんどうのおひたし

材料（5〜6人分）

プチトマト……18個（270g）
さやえんどう…………12枚
Ⓐ だし汁……………200㎖
　｜ しょうゆ、みりん
　｜ …………各小さじ2
　｜ 塩…………小さじ1/2
かつお節……………適量

作り方（⏱5分＋漬け時間半日）

1 Ⓐはひと煮立ちさせて冷ます。プチトマトはヘタを取って縦に4〜5か所、浅く切り込みを入れる。さやえんどうはすじを取り、水に通してラップに包み、電子レンジ（600W）で30秒ほど加熱する。

2 保存容器に**1**を入れ、冷蔵庫で味をなじませる（半日）。かつお節をかける。

 味チェンジ

しょうゆ、みりん各小さじ2、塩小さじ1/2
➡ 白だし大さじ2で上品な風味に

冷蔵	冷凍	しょうゆ味
3日	×	

ボリューム

トマトを炒めてうまみを凝縮
牛肉のトマト炒め

材料（5〜6人分）

トマト……………4個（600g）
牛カルビ肉（焼き肉用）……150g
枝豆（さやから出す）……100g
塩………………小さじ1/2
粗びき黒こしょう………適量
しょうゆ……………大さじ1
サラダ油……………大さじ1

作り方（⏱20分）

1 トマトはくし形切りにする。牛カルビ肉は細切りにして塩、粗びき黒こしょうをふる。

2 フライパンにサラダ油半量を熱し、牛肉を中火でこんがり焼いて中まで火を通し、取り出す。

3 フライパンに残りの油を熱してトマトを入れ、強火で手早く炒める。**2**を戻し、枝豆としょうゆを加えてさっと炒め合わせ、粗びき黒こしょうをふる。

味チェンジ

しょうゆ大さじ1
➡ ウスターソース大さじ1でコクをアップ

冷蔵	冷凍	ピリ辛
3日	×	

豚こま肉で
やわらかい
**豚肉の
塩から揚げ**
→ P51

食べごたえ
ばつぐんおかず
**ベーコンの
チャーシュー風**
→ P71

甘辛い
エスニック
**たらのソテー
スイートチリソース**
→ P78

おしゃれ

ベーコンのコクがなじんで冷めてもおいしい
プチトマトとベーコンのラタトゥイユ

材料（5〜6人分）

プチトマト……25個（400g）
ズッキーニ……………………1本
玉ねぎ…………………………1/2個
パプリカ（黄）……………1個
ベーコン…………………………3枚
にんにく…………………………1片
A トマトケチャップ
　　　……………………大さじ4
　　塩……………………小さじ1/3
　　こしょう……………………少々
オリーブ油…………大さじ2

作り方（⏱25分）

1 ズッキーニ、玉ねぎ、パプリカは
2cm角、ベーコンは5mm幅に切
る。にんにくは包丁の腹でつぶ
す。プチトマトはヘタを取る。

2 鍋にオリーブ油を熱し、にんにく、
ベーコンを中火で炒める。香りが
立ったら、ズッキーニ、玉ねぎ、パ
プリカをしっかり炒める。

3 プチトマトと**A**を加えてふたを
して10分煮る。ふたをはずして
さらに5分煮る。

冷蔵	冷凍
4日	**1**か月

こっくり

長持ち

青じそとこしょうで香り豊かに
トマトの青じそマリネ

材料（5〜6人分）

プチトマト（赤・黄）
　……………各15個（450g）
青じそ…………………………4枚
A 白ワインビネガー
　　　……………………小さじ2
　　オリーブ油………小さじ1
　　砂糖…………………小さじ1/2
　　塩、粗びき黒こしょう
　　　……………………各少々

作り方（⏱10分＋漬け時間1時間）

1 プチトマトはヘタを取り、熱湯に
つけたらすぐに水にとって皮をむ
く。青じそは半分に切り、せん切
りにする。

2 保存容器に**A**を入れてよく混ぜ、
1を加えてあえ、漬ける（1時間）。

 **食材チェンジ**
プチトマト（赤・黄）各15個
➡ れんこん1節

冷蔵	冷凍
4日	×

甘酸っぱい

101

ラクラク

冷蔵	冷凍
3日	×

さっぱり

昆布のうまみが酢をまろやかに
プチトマトとオクラの土佐酢あえ

材料 (5〜6人分)

プチトマト‥‥‥‥**20個**(300g)
オクラ‥‥‥‥‥‥‥‥‥‥‥12本
Ⓐ だし汁、しょうゆ
　　‥‥‥‥‥‥‥‥各大さじ2
　酢‥‥‥‥‥‥‥‥‥大さじ3
　昆布‥‥‥‥‥‥5cm角1枚
　塩‥‥‥‥‥‥‥ひとつまみ

作り方 (⏱10分＋漬け時間1日)

1　プチトマトはヘタを取り、フォークで数か所穴をあける。オクラは板ずりし、熱湯でゆでて1cm幅に切る。

2　保存容器にⒶを合わせて、1を加えて冷蔵庫で味をなじませる（1日）。

 食材チェンジ
オクラ12本
➡ しめじ1パック

ボリューム

冷蔵	冷凍
3日	**1**か月

こっくり

黒こしょうをしっかり効かせてスパイシーに
たことオリーブのトマト煮

材料 (5〜6人分)

ホールトマト (缶詰)
　‥‥‥‥‥‥‥‥**1缶**(400g)
ゆでだこ‥‥‥‥‥‥‥‥‥300g
エリンギ‥‥‥‥‥‥‥‥‥2本
黒オリーブ‥‥‥‥‥‥‥20個
にんにく‥‥‥‥‥‥‥‥‥2片
塩‥‥‥‥‥‥‥‥‥‥‥‥少々
粗びき黒こしょう‥‥‥‥適量
オリーブ油‥‥‥‥‥大さじ3

作り方 (⏱25分)

1　ゆでだこはひと口大に切る。エリンギは2cm角に切る。にんにくは包丁の腹でつぶす。

2　鍋にオリーブ油、にんにくを入れて弱火にかけ、香りが立ったら、ゆでだこ、エリンギを中火で炒める。油が回ったら、黒オリーブ、ホールトマトを加え、トマトをつぶしながら15分ほど煮て、塩、粗びき黒こしょうで味を調える。

 食材チェンジ
エリンギ2本
➡ セロリ1本

ナンプラーの香りで気分はアジアン

プチトマトのエスニックサラダ

材料 (5〜6人分)

プチトマト(黄)………10個
紫キャベツ……………1/2株
きゅうり………………1本
Ⓐ レモン汁…大さじ1と1/2
ナンプラー………大さじ1
砂糖……………小さじ1
塩、こしょう………各少々
赤唐辛子(小口切り)…1本分

作り方 (⏱15分+漬け時間1時間)

1 紫キャベツはせん切りにして、さっと熱湯に通してザルにあげて粗熱をとる。きゅうりは縦半分に切り、斜め薄切りにして塩少々(分量外)をふっておく。プチトマトはヘタを取る。

2 保存容器にⒶを合わせ、しっかり水けを絞った紫キャベツときゅうり、プチトマトを入れて冷蔵庫で漬ける(1時間)。

 味チェンジ

Ⓐ ➡ レモン汁大さじ1と1/2、オリーブ油大さじ1、塩、こしょう各少々でさっぱり味に

冷蔵	冷凍	甘酸っぱい
3日	×	

おしゃれ

ゆずこしょうでさっぱりとした辛味に

プチトマトのゆずこしょうマリネ

材料 (5〜6人分)

プチトマト(赤・黄)
…………各1パック(400g)
ゆずこしょう………小さじ1
オリーブ油…………大さじ2

作り方 (⏱15分)

1 プチトマトはヘタを取り、水けをふいたらオリーブ油大さじ1をまぶす。

2 オリーブ油大さじ1にゆずこしょうを加えて混ぜる。

3 フライパンを熱し、1を入れてところどころ焼き色がつくまで中火で焼く。保存容器に移して2を加えてさっくりと混ぜる。

[調理のコツ]

 プチトマトは焼き目がつくまでよく焼きつけて水分を減らす。

冷蔵	冷凍	ピリ辛
4日	×	

長持ち

103

● サブおかず

パプリカ

色鮮やかで、皮にしわがよっていないものを選びましょう。
色の種類が多いので、彩りを添えるのに重宝します。

ラクラク

細かく切ったたくあんをあえたコロコロサラダ
パプリカのかくやあえ

<u>材料</u>（5〜6人分）

パプリカ（赤）……1個(150g)
きゅうり………………2本
たくあん………………100g
白いりごま………大さじ3
塩………………小さじ1/3
しょうがの絞り汁…大さじ1

<u>作り方</u>（⏲15分）

1 パプリカはヘタと種を除き、きゅうり、たくあんとともに7mm角に切る。パプリカときゅうりは塩をふって10分ほどおき、しっかり水けを絞る。

2 1、しょうがの絞り汁、白いりごまを合わせてさっくり混ぜて冷蔵庫で冷やす。

 味チェンジ

塩小さじ1/3
➡ 梅肉大さじ1でさっぱり

冷蔵	冷凍	
3日	×	さっぱり

ボリューム

焼き肉のたれの香ばしさがたまらない
パプリカと豚こまの串焼き

<u>材料</u>（5〜6人分）

パプリカ（赤・黄）
………………各1個(300g)
豚こま切れ肉…………200g
塩、こしょう………各少々
焼き肉のたれ（市販）··大さじ3
サラダ油…………大さじ1/2

<u>作り方</u>（⏲20分）

1 豚こま切れ肉は塩、こしょうをもみ込んで、12個に丸める。パプリカはヘタと種を除き、3cm角に切る。

2 豚肉1個、パプリカを赤・黄各1個ずつ交互に串に刺す。同様にあと11本作る。

3 フライパンにサラダ油を中火で熱し、2を並べてふたをする。3分ほど焼いて、焼き色がついたら裏返して同様に焼く。火が通ったら焼き肉のたれを加えて、煮からめる。

🥕 食材チェンジ

豚こま切れ肉200g
➡ 鶏もも肉200g

冷蔵	冷凍	
3日	1か月	こっくり

バジルの
さわやかな香り
鶏肉の
サルティンボッカ
→ P42

肉も野菜も
たっぷり
牛肉の
プルコギ炒め
→ P65

シンプルな
焼き魚を添えて
焼きしめさば
→ P85

ほっこりとした豆があとをひく
パプリカとひよこ豆のマリネ

材料 (5〜6人分)

パプリカ (赤・黄)
‥‥‥‥‥‥各1個(300g)
ひよこ豆 (缶詰)‥‥‥1缶(200g)
パセリ (みじん切り)‥‥大さじ2
A オリーブ油‥‥‥‥大さじ2
　塩‥‥‥‥‥‥‥‥小さじ1
　こしょう‥‥‥‥‥‥少々

作り方 (⏱5分+漬け時間1時間)

1 ひよこ豆はさっと洗い、ザルにあげる。パプリカはヘタと種を除いて1cm角に切る。

2 1、パセリをAであえてなじませる(1時間)。

🥦🥕 食材チェンジ

ひよこ豆1缶
➡ 枝豆やグリンピースなど好みの
豆200g

冷蔵	冷凍	
3日	×	塩味

おしゃれ

すりごまとごま油のダブルごま
パプリカとほうれん草のナムル

材料 (5〜6人分)

パプリカ (赤)‥‥‥1個(150g)
ほうれん草‥‥‥‥‥1/2束
もやし‥‥‥‥‥‥‥‥1袋
A しょうゆ‥‥‥‥‥小さじ1
　ごま油‥‥‥‥‥大さじ1/2
　白すりごま‥‥‥大さじ1
　塩、こしょう‥‥‥各少々

作り方 (⏱15分)

1 ほうれん草はゆでて水にさらし、しっかり水けを絞って4cm長さに切る。

2 パプリカはヘタと種を除いて細切りにし、洗ったもやしとともに耐熱容器に入れる。ラップをかけて電子レンジ(600W)で3〜4分加熱したら、ザルにあげ、水けをふく。

3 1、2と、Aを合わせてさっくりとあえる。

🧂 味チェンジ

こしょう少々
➡ 粗びき黒こしょう、ラー油各少々
でピリ辛に

冷蔵	冷凍	
4日	1か月	しょうゆ味

長持ち

● サブおかず（パプリカ）

ラクラク

冷蔵	冷凍
2日	×

こっくり

すりごまを加えてこっくりまろやかに

パプリカのごまマヨあえ

材料（5〜6人分）

パプリカ（赤・黄）
　　　‥‥‥‥‥‥‥**各1個（300g）**
ミックスビーンズ（缶詰）
　　　‥‥‥‥‥‥‥‥‥1缶（120g）
Ⓐ マヨネーズ、白すりごま
　　　‥‥‥‥‥‥‥各大さじ2
　しょうゆ‥‥‥‥‥小さじ1
　塩、こしょう‥‥‥各少々

作り方（⏱5分）

1 パプリカはヘタと種を除いて、細切りにする。

2 ボウルに1、缶汁をきったミックスビーンズ、Ⓐを入れて混ぜ合わせる。

 食材チェンジ

ミックスビーンズ1缶
➡ ホールコーン120g

ボリューム

冷蔵	冷凍
3日	1か月

甘辛

パプリカが甘くジューシーに仕上がる

パプリカのチンジャオロースー

材料（5〜6人分）

パプリカ（赤）‥‥‥**1個（150g）**
豚こま切れ肉‥‥‥‥‥‥150g
たけのこ（水煮）‥‥‥‥‥60g
にんにく‥‥‥‥‥‥‥‥1片
Ⓐ しょうゆ、片栗粉
　　‥‥‥‥‥‥‥各小さじ2
Ⓑ しょうゆ‥‥‥‥‥大さじ3
　酒、砂糖‥‥‥‥各大さじ1
　こしょう‥‥‥‥‥‥少々
ごま油‥‥‥‥‥‥‥大さじ2

作り方（⏱20分）

1 パプリカはヘタと種を除き、たけのことともに1.5cm幅の長めの乱切りにする。豚こま切れ肉はⒶをもみ込む。にんにくはみじん切りにする。

2 フライパンにごま油、にんにくを入れて弱火で熱し、香りが立ったら、豚肉を炒める。色が変わったらパプリカ、たけのこを加えて炒め、油が回ったら、Ⓑを加えて炒め合わせる。

 食材チェンジ

豚こま切れ肉150g
➡ 牛こま切れ肉150g

にんにく風味のオリーブ油でしっとり仕上げる

焼き野菜のマリネ

材料 <u>(5〜6人分)</u>

パプリカ(赤)‥‥‥‥‥‥‥2個
かぼちゃ‥‥‥‥‥‥‥‥100g
グリーンアスパラガス‥‥5本
にんにく‥‥‥‥‥‥‥‥2片
A 酢、水‥‥‥‥‥各大さじ1
　┃塩‥‥‥‥‥‥小さじ2/3
　┃粗びき黒こしょう‥‥適量
オリーブ油‥‥‥‥1/4カップ

作り方 (⏱15分)

1. パプリカはヘタと種を除いて2.5cm角、かぼちゃは皮つきのまま5mm幅のいちょう切り、グリーンアスパラガスは3cm長さに切る。にんにくは、薄切りにする。

2. フライパンにオリーブ油、にんにくを入れて弱火で熱し、こんがりと色づいたらにんにくを保存容器に移す。

3. **2**のフライパンでかぼちゃを炒め、焼き色がついてきたら、パプリカ、アスパラガスを加える。全体に焼き色がついたら、合わせた**A**を加えてさっとあえる。

 アレンジ

焼き魚といっしょに盛りつけて南蛮漬け風に。

冷蔵	冷凍	さっぱり
4日	**1**か月	

彩りがよく、もう一品に使いやすい

パプリカとエリンギのピクルス

材料 <u>(5〜6人分)</u>

パプリカ(黄)‥‥‥‥‥‥1個
エリンギ‥‥‥‥‥‥‥‥2本
A 酢‥‥‥‥‥‥‥‥‥‥50ml
　┃水‥‥‥‥‥‥‥‥‥100ml
　┃砂糖‥‥‥‥‥‥‥大さじ2
　┃塩‥‥‥‥‥‥‥小さじ1/2
　┃赤唐辛子‥‥‥‥‥‥‥1本
　┃粒黒こしょう‥‥‥‥‥5粒

作り方 (⏱15分＋漬け時間半日)

1. パプリカはヘタと種を除き、縦に1.5cm幅に切って長さを半分に切る。エリンギは長さを半分に切り、パプリカの大きさに合わせて縦に3〜4等分に切る。

2. 耐熱容器に**1**と**A**を入れてラップをかけて、電子レンジ(600W)で一度煮立つまで2〜3分加熱してラップをはずして上下を返す。粗熱をとって冷蔵庫で漬ける(半日)。

[詰め方のコツ]

ピックに刺してピンチョス風にすると食べやすく、かわいい。

冷蔵	冷凍	ピリ辛
5日	✕	

卵

割れやひびがないもの、なるべく賞味期限が長いものを選びましょう。
お弁当では半熟だと食中毒が心配。しっかりと火を通します。

ラクラク

冷蔵	冷凍	
3日	**2**週間	こっくり

ちいさなカップでお弁当サイズに

アスパラのキッシュ

<u>材料</u>（5〜6人分）

卵	2個
グリーンアスパラガス	4本
ロースハム	2枚
ピザ用チーズ	30g
Ⓐ 牛乳	大さじ1
マヨネーズ	大さじ1/2
こしょう	少々
サラダ油	適量

<u>作り方</u>（⏱10分）

1. グリーンアスパラガスはさっと水にくぐらせてラップに包む。電子レンジ（600W）で1分加熱して、6等分に切る。ハムはざく切りにする。

2. 卵は溶きほぐし、Ⓐを加えてよく混ぜ合わせる。

3. アルミカップにサラダ油を薄く塗り、**2**、**1**、ピザ用チーズを等分に入れて、オーブントースターで6〜7分焼く。

🥦🥕 **食材チェンジ**

グリーンアスパラガス4本
➡ かぼちゃ100g

ボリューム

冷蔵	冷凍	
3日	**2**週間	塩味

香ばしくホクホクなじゃがいもがおいしい

じゃがいものスペイン風オムレツ

<u>材料</u>（5〜6人分）

卵	5個
じゃがいも	2個
玉ねぎ	1/4個
ベーコン	4枚
塩	小さじ1/2
オリーブ油	大さじ2

<u>作り方</u>（⏱25分）

1. じゃがいもは皮をむいて2cm角に切り、さっと水にくぐらせて耐熱容器に入れ、ラップをかけて電子レンジ（600W）で3分加熱する。玉ねぎは薄切り、ベーコンは1cm幅に切る。

2. 直径20cmのフライパンにオリーブ油を中火で熱し、じゃがいもを4分ほど炒めて塩をふる。残りの**1**も加え、油が回るまで炒める。

3. 卵を溶いて加え、半熟になるまでヘラで大きく混ぜる。丸く形をととのえ、ふたをして弱火で3分焼き、上下を返してさらに3分焼く。

🥦🥕 **食材チェンジ**

玉ねぎ1/4個
➡ ホールコーン50g

エスニックの
定番おかず
ガパオそぼろ
➡ P45

ちょっと豪華に
みせたいときは
**ミルフィーユ
牛カツ**
➡ P67

簡単なのに
彩りととのう
**たらの
ブロッコリー焼き**
➡ P78

おしゃれ

卵の存在感でよりこっくりとした味わいに

アスパラのタルタルサラダ

材料 (5〜6人分)

卵······························2個
グリーンアスパラガス····6本
にんじん··················1/4本
玉ねぎ·····················1/4個
Ⓐ マヨネーズ·······大さじ4
　塩、こしょう·······各少々
パセリ（みじん切り）········適量

作り方 (⏱15分)

1. グリーンアスパラガスは塩ゆでして斜め切りにする。

2. にんじん、玉ねぎはみじん切りにする。耐熱容器ににんじんを入れ、ラップをかけて電子レンジ（600W）で1分加熱し、玉ねぎを加えてさらに1分加熱する。

3. 卵は水から10〜12分ゆでて、冷水にさらして冷まし、殻をむいて粗みじん切りにして、2、Ⓐと混ぜる。

4. カップに1を入れて3をかけ、パセリを散らす。

アレンジ
アスパラガスの代わりに、白身魚のフライやから揚げにのせても。

冷蔵	冷凍	
3日	×	こっくり

長持ち

ほんのり黄色く、スパイシーなカレー風味

カリフラワーと卵の塩カレー漬け

材料 (5〜6人分)

卵······························6個
カリフラワー····1/2株（120g）
Ⓐ 水······················400㎖
　コンソメスープの素（顆粒）
　··················小さじ1/2
　カレー粉··········小さじ2
　塩··········小さじ1と1/2
　砂糖··················大さじ1

作り方 (⏱15分＋漬け時間ひと晩)

1. 鍋にⒶを合わせて煮立てて冷ます。カリフラワーは小房に分け、水にくぐらせてラップに包み、電子レンジ（600W）で1分半加熱する。

2. 卵は水から10〜12分ゆでて、冷水にさらして冷まし、殻をむく。

3. 保存容器に1と2を入れ、冷蔵庫で漬ける（ひと晩）。

味チェンジ
塩小さじ1と1/2
➡ しょうゆ大さじ3で和風に

冷蔵	冷凍	
4日	×	スパイシー

かぼちゃ

カットで売られているものは種が密集していて肉厚のものを選びましょう。
皮ごと調理すると色味も活かせます。甘めの味つけにも向く食材。

ラクラク

冷蔵	冷凍
3日	1か月

しょうゆ味

なじんだひじきがいいアクセントに
かぼちゃのひじき炒め

材料 (5〜6人分)

かぼちゃ………1/4個 (300g)
ベーコン…………………3枚
芽ひじき (乾燥)…………10g
Ⓐ しょうゆ、みりん、酒
　｜……………各大さじ1
サラダ油…………大さじ1

作り方 (⏱10分)

1. かぼちゃは皮つきのまま5〜8mm厚さに切り、ベーコンは2cm幅に切る。芽ひじきは水でもどし、水けをきる。

2. フライパンにサラダ油を熱し、ベーコンを中火で炒め、かぼちゃ、ひじきを加えて炒め合わせる。

3. 全体に火が通ったら、合わせたⒶを加えて、汁けがなくなるまで炒め合わせる。

 味チェンジ
サラダ油大さじ1
➡ ごま油大さじ1でコクをアップ

ボリューム

冷蔵	冷凍
3日	1か月

ピリ辛

ごま油の香る甘辛さでご飯がすすむ
かぼちゃと豚肉の南蛮煮

材料 (5〜6人分)

かぼちゃ………1/4個 (300g)
豚バラ薄切り肉………150g
長ねぎ………………1本
Ⓐ だし汁、酒………各70㎖
　｜ みりん…………大さじ2
　｜ しょうゆ………大さじ1
　｜ 豆板醤………小さじ1/2
ごま油…………大さじ1/2

作り方 (⏱20分)

1. かぼちゃは皮つきのまま1.5cm厚さに切る。豚バラ薄切り肉はひと口大に切る。長ねぎは3cm長さに切る。

2. フライパンにごま油を熱し、1を中火でこんがりと焼き色がつくまで炒める。

3. Ⓐを加えて煮汁がなくなるまで8分ほど煮る。

 食材チェンジ
豚バラ薄切り肉150g
➡ 鶏もも肉150g

さわやかな酸味が
かぼちゃに合う
粒マスタードチキン
➡P41

ヘルシーな
ほっこり肉団子
**野菜
ポークボール**
➡P61

食がすすむ
スパイシーな味つけ
**いかの
カレーピカタ**
➡P87

レーズンとアーモンドでリッチなデリ風
かぼちゃとチーズのサラダ

材料 (5〜6人分)

かぼちゃ………1/4個(300g)
クリームチーズ…………60g
レーズン……………大さじ2
Ⓐ マヨネーズ………大さじ2
｜ 塩、こしょう………各適量
アーモンド (スライス)……適量

作り方 (⏱10分)

1 かぼちゃは皮つきのまま1.5cm厚さに切る。耐熱容器に入れ、ラップをかけて電子レンジ(600W)で4〜5分加熱し、フォークでつぶす。

2 クリームチーズは1cm角に切る。

3 1にⒶを加えて味を調え、2、レーズンを加えて混ぜ、アーモンドを散らす。

🦐🐙 **アレンジ**

食パンやロールパンに挟んでサンドイッチに。パンは軽くトーストしたものでも。

おしゃれ

冷蔵	冷凍	こっくり
2日	**3**週間	

ツナのエキスがしみ込んだほっくりかぼちゃ
かぼちゃとツナの甘煮

材料 (5〜6人分)

かぼちゃ………1/4個(300g)
ツナ (缶詰)…………1缶(80g)
Ⓐ 水………………100㎖
｜ 酒………大さじ1と1/2
｜ みりん、しょうゆ
｜ ……………各大さじ1
｜ 砂糖…………大さじ1/2

作り方 (⏱10分)

1 かぼちゃは皮をところどころむいて4cm角に切る。

2 鍋にⒶ、1、ツナを缶汁ごと加えて強火にかけて煮立て、中火にし、落としぶたをして煮汁がなくなるまで煮る。

長持ち

🥦🥕 **食材チェンジ**

かぼちゃ1/4個
➡じゃがいも2個

冷蔵	冷凍	甘辛
4日	**1**か月	

さつまいも

キズが少なく、表面がなめらかでふっくらとしているものを選びましょう。
変色を防ぐには、水にさらしてから調理するのがポイント。

ラクラク

冷蔵	冷凍
3日	**1**か月

こっくり

食べやすいスティックスイートポテト
さつまいものはちみつあえ

材料 (5〜6人分)

さつまいも………**1本(400g)**
Ⓐ はちみつ…………大さじ6
│ 黒ごま…………大さじ1
揚げ油…………………適量

作り方 (⏱15分)

1 さつまいもは皮つきのまま1cm
　角のスティック状に切る。

2 揚げ油を170℃に熱し、**1**をから
　りとするまで揚げる。

3 **2**の油をきり、熱いうちにⒶで
　あえる。

 食材チェンジ

さつまいも1本
➡ かぼちゃ1/4個

ボリューム

冷蔵	冷凍
3日	**1**か月

甘辛

ころころ入ったさつまいもが甘うま
さつまいものそぼろ煮

材料 (5〜6人分)

さつまいも………**1本(400g)**
鶏ひき肉………………120g
Ⓐ だし汁……………100mℓ
│ 砂糖、みりん…各大さじ1
│ しょうゆ…大さじ1と1/2
│ しょうがの絞り汁
│ …………小さじ1/2
サラダ油…………大さじ1/2

作り方 (⏱15分)

1 さつまいもは皮つきのまま1.5cm
　角に切り、さっと水にさらして水
　けをきる。

2 鍋にサラダ油を熱し、鶏ひき肉を
　ほぐしながら中火で炒め、**1**を加
　えて2分ほど炒める。

3 合わせたⒶを加えて煮立ったら
　弱火にし、落としぶたをして5分
　ほど煮る。

 食材チェンジ

さつまいも1本
➡ 里いも400g

カリカリ食感が
たのしい
**ささみの
クリスピーチキン**
➡P47

コロコロっと
かわいい
**プチトマトの
豚肉巻き**
➡P52

香ばしい
バター風味がよく合う
**えびのパセリ
バターソテー**
➡P89

おしゃれ

ヨーグルトのやわらかい酸味がポイント
さつまいものマッシュサラダ

材料 (5〜6人分)

さつまいも………1本(400g)
きゅうり……………………1本
ベーコン…………………2枚
塩…………………………少々
Ⓐ マヨネーズ………大さじ3
　プレーンヨーグルト
　　………大さじ1と1/2
　砂糖…………小さじ1/2
　塩………………………少々

🍚 味チェンジ
砂糖小さじ1/2
➡粒マスタード小さじ1でピリ辛

作り方 ⏱20分

1 さつまいもは皮をむいてひと口大に切る。さっと水にくぐらせ、ラップに包んで電子レンジ(600W)で4分加熱し、裏返してさらに2分加熱する。竹串が通るようになったら、粗くつぶす。

2 きゅうりは薄切りにして塩をふり、しばらくおいて水けを絞る。ベーコンは5mm幅に切ってフライパンでカリカリになるまで炒め、ペーパータオルにとって脂をきる。

3 ボウルにⒶを合わせ、1、2を加えてさっくり混ぜ合わせる。

冷蔵	冷凍
2日	3週間

甘酸っぱい

長持ち

切り昆布で上品なシンプル煮もの
さつまいもと切り昆布の煮もの

材料 (5〜6人分)

さつまいも……小1本(300g)
切り昆布(乾燥)…………10g
Ⓐ 水………………………150㎖
　しょうゆ、みりん
　　…………各大さじ2

🍚 味チェンジ
しょうゆ大さじ2
➡ナンプラー大さじ1と2/3で
エスニック風に

作り方 ⏱20分

1 さつまいもは皮つきのまま1.5cm厚さのいちょう切りにする。切り昆布は水でもどして水けをきる。

2 鍋にⒶ、1を入れて中火にかけ、煮立ったら落としぶたをして弱火にし、さつまいもがやわらかくなるまで10〜15分煮る。

冷蔵	冷凍
4日	1か月

しょうゆ味

● サブおかず

ブロッコリー

切り口がみずみずしい、つぼみの密集した濃い緑色のものを。
さっと加熱し、食感を残すようにしましょう。

ラクラク

冷蔵	冷凍	
3日	**1か月**	塩味

ザーサイの塩けと食感がおいしい

ブロッコリーとザーサイのナムル

材料 (5〜6人分)

ブロッコリー……1株(200g)
ザーサイ ………………40g
Ⓐ 塩……………………少々
│ ごま油…………小さじ2

作り方 (⏱10分)

1 ブロッコリーは小さめの小房に分けて塩ゆでし、ザルにあげて水けをきる。ザーサイは粗みじん切りにする。

2 ボウルに **1** を合わせ Ⓐ を加えてあえる。

🥦🥕 **食材チェンジ**

ブロッコリー1株
➡ キャベツ4枚

ボリューム

冷蔵	冷凍	
3日	**1か月**	こっくり

ウインナーの入った満足おかず

ブロッコリーのコーンチーズ炒め

材料 (5〜6人分)

ブロッコリー……2株(400g)
ウインナーソーセージ…6本
ホールコーン(缶詰)‥大さじ4
粉チーズ…………大さじ4
塩、こしょう…………各少々
オリーブ油…………大さじ2

作り方 (⏱15分)

1 ブロッコリーは小房に分け、さっとゆでて、ザルにあげて水けをきる。ウインナーソーセージは斜め3等分に切る。

2 フライパンにオリーブ油を熱して **1** を中火で炒め、ソーセージに焼き色がついたら缶汁をきったホールコーン、粉チーズ、塩、こしょうを加えて炒め合わせる。

🍚 **味チェンジ**

粉チーズ大さじ4
➡ カレー粉大さじ1でスパイシー

ご飯がどんどん
すすむ味
スタミナ回鍋肉
→ P48

さわやかな
酸味と辛味
ジャーマンポテト
→ P70

トマトがソースに
よく合う
**あじの
トマトソテー**
→ P74

おしゃれ

プリッとしたえびとブロッコリーのベストコンビ

ブロッコリーとえびのデリ風サラダ

材料 (5〜6人分)

ブロッコリー……1株(200g)
むきえび……………………大6尾
ゆで卵………………………3個
Ⓐ マヨネーズ
｜………大さじ1と1/2
｜粒マスタード‥大さじ1/2

作り方 (⏱10分)

1 ブロッコリーは小房に分けて塩ゆでし、ザルにあげて水けをきる。むきえびは背わたを取って、塩ゆでし、背から包丁を入れて半分の厚さに切る。ゆで卵は殻をむき、4等分に切る。

2 ボウルに**1**、Ⓐを入れ、さっくり混ぜ合わせる。

 味チェンジ

粒マスタード大さじ1/2
➡ たらこ1/2腹で和風に

冷蔵	冷凍	さっぱり
2日	×	

長持ち

梅おかかじょうゆがよくからむ

ブロッコリーとささみの梅おかか

材料 (5〜6人分)

ブロッコリー……1株(200g)
鶏ささみ…………………2本
水……………………大さじ2
Ⓐ 梅干し……………大3個
｜かつお節………………3g
｜しょうゆ……大さじ1/2
オリーブ油…………大さじ1

作り方 (⏱10分)

1 ブロッコリーは小房に分ける。鶏ささみはすじを取り、ブロッコリーの大きさに合わせて薄いそぎ切りにする。Ⓐの梅干しは種を除いて粗くちぎる。

2 フライパンにオリーブ油を熱し、ブロッコリーと鶏ささみを焼き色がつくまで中火で焼く。分量の水を加え、ふたをして2分ほど蒸し焼きにする。

3 ボウルにⒶを合わせ、**2**を加えてさっくり混ぜる。

味チェンジ

Ⓐ ➡ フレンチドレッシング大さじ2、粒マスタード小さじ1で洋風に

冷蔵	冷凍	しょうゆ味
4日	1か月	

ラクラク

冷蔵	冷凍
3日	×

甘酸っぱい

甘めのみそに粒マスタードの酸味が合う

ブロッコリーとちくわの酢みそあえ

材料（5〜6人分）

ブロッコリー‥‥‥‥1株（200g）
ちくわ‥‥‥‥‥‥‥‥‥‥5本
みりん‥‥‥‥‥大さじ1と1/2
Ⓐ 酢‥‥‥‥‥‥大さじ1と1/2
　 粒マスタード‥大さじ1/2
　 サラダ油‥‥‥‥‥大さじ1
白みそ‥‥‥‥‥‥‥‥大さじ3

作り方（⏱10分）

1 ブロッコリーは小房に分けて塩ゆでし、ザルにあげて水けをきる。ちくわは2cm幅の輪切りにする。

2 みりんは耐熱容器に入れてラップをせずに、電子レンジ（600W）で30秒加熱し、Ⓐを加えて混ぜる。白みそを少しずつ加えて混ぜてなめらかにする。

3 ブロッコリーの軸をちくわにさし込み、**2**を回しかける。

 食材チェンジ

ブロッコリー1株
➡ グリーンアスパラガス8本

ボリューム

冷蔵	冷凍
3日	1か月

塩味

プリプリのたこの食感がたまらない

ブロッコリーとたこのペペロンチーノ

材料（5〜6人分）

ブロッコリー‥‥‥‥1株（200g）
ゆでだこ‥‥‥‥‥‥‥‥‥150g
にんにく（みじん切り）‥‥2片分
赤唐辛子（種を除く）‥‥‥‥1本
塩‥‥‥‥‥‥‥‥‥‥小さじ1/3
粗びき黒こしょう‥‥‥‥少々
オリーブ油‥‥‥‥‥大さじ2

作り方（⏱10分）

1 ブロッコリーは小房に分けて塩ゆでし、ザルにあげて水けをきる。ゆでだこはひと口大に切る。

2 フライパンにオリーブ油、にんにく、赤唐辛子を入れて弱火にかけ、香りが立ったら、**1**を加えて中火で炒め、塩、粗びき黒こしょうで味を調える。

 食材チェンジ

ゆでだこ150g
➡ 鶏もも肉150g

生クリームと粉チーズのコクでまろやかに

ブロッコリーのミニグラタン

材料 (5〜6人分)

ブロッコリー……1株(200g)
ベーコン…………………1枚
粉チーズ…………大さじ1
Ⓐ プレーンヨーグルト
　　………………………大さじ3
　生クリーム………大さじ2
　コンソメスープの素(顆粒)
　　……………………小さじ1/2

作り方 (🕐15分)

1 ブロッコリーは小房に分けて塩ゆでし、ザルにあげて水けをきる。ベーコンは粗みじん切りにする。

2 Ⓐの生クリームは電子レンジ(600W)で30秒加熱して、コンソメスープの素を加えて溶かしたら、プレーンヨーグルトを混ぜ合わせる。

3 ミニカップにブロッコリーを等分に入れ、Ⓐとベーコン、粉チーズをかけてオーブントースターで5分焼く。

 食材チェンジ

ブロッコリー1株
➡ じゃがいも2個

冷蔵 3日 ｜ 冷凍 1か月　こっくり

おしゃれ

シンプルな塩味に赤唐辛子でアクセント

ブロッコリーのいきなり炒め

材料 (5〜6人分)

ブロッコリー……2株(400g)
にんにく…………………2片
赤唐辛子…………………1本
Ⓐ 水、オリーブ油
　　…………　各大さじ4
　塩……………ふたつまみ
　こしょう……………少々

作り方 (🕐10分)

1 ブロッコリーは小房に分け、さらに縦半分に切る。にんにくはみじん切りにする。赤唐辛子は種を除いて小口切りにする。

2 フライパンに1とⒶを合わせ、ふたをして強めの中火にかけ、ときどき上下を返しながら水分がなくなるまで炒め煮にする。

[調理のコツ]

 少しの水で蒸し煮にすると、野菜の水分が減り、保存性が高まる。

長持ち

冷蔵 4日 ｜ 冷凍 1か月　ピリ辛

● サブおかず

キャベツ

外葉に厚みがあり、芯の切り口がみずみずしいものを。
水けが出ないよう下ごしらえをしっかりとしましょう。

ラクラク

冷蔵	冷凍
3日	**1**か月

甘酸っぱい

カリカリ油揚げと香ばしい桜えびが合う

キャベツとお揚げのポン酢あえ

材料 (5〜6人分)

キャベツ…………**4枚**(200g)
油揚げ……………………2枚
桜えび………………大さじ3
Ⓐ ポン酢しょうゆ
　　………………大さじ3
　│砂糖……………小さじ1

作り方 (🕙10分)

1 キャベツはラップに包み、電子レンジ(600W)で2分ほど加熱する。粗熱をとり、1.5cm幅の短冊切りにする。油揚げは縦半分に切り、8mm幅に切る。

2 フライパンを中火で熱し、油をひかずに**1**の油揚げ、桜えびを入れてから炒りする。

3 ボウルに**1**のキャベツ、**2**、Ⓐを合わせてさっくり混ぜる。

 食材チェンジ

キャベツ4枚
➡ 白菜2枚

ボリューム

冷蔵	冷凍
3日	**1**か月

さっぱり

さっぱりキャベツとウインナーが合う

ウインナー入りザワークラウト

材料 (5〜6人分)

キャベツ…………**6枚**(300g)
ウインナーソーセージ…8本
玉ねぎ………………1/2個
Ⓐ 酢…………………大さじ3
　│粒マスタード……大さじ1
　│コンソメスープの素(顆粒)
　│……………………小さじ2/3
塩、こしょう…………各少々
サラダ油……………大さじ1

作り方 (🕙15分)

1 ウインナーソーセージは乱切り、キャベツは太めのせん切り、玉ねぎは薄切りにする。

2 フライパンにサラダ油を熱して、**1**を中火で炒める。

3 キャベツがしんなりしたら、Ⓐを加えて炒め合わせ、塩、こしょうで味を調える。

 食材チェンジ

キャベツ6枚
➡ 切り干し大根40g

ピリ辛な
がっつり系おかず
**鶏肉の
ピリ辛照り焼き**
➡ P41

しっかり味なので
ご飯に合う
ビビンバ肉そぼろ
➡ P60

さっぱりで
彩りも◎
**鮭とパプリカの
マリネ**
➡ P72

見た目の華やかな彩りサラダ

ミモザ風コールスロー

材料 (5〜6人分)

キャベツ……………4枚(200g)
きゅうり………………1/2本
ラディッシュ……………2個
ゆで卵…………………1個
Ⓐ マヨネーズ………大さじ4
　 酢………………大さじ1
　 塩……………小さじ1/2
　 こしょう……………少々

作り方 (⏱20分)

1 キャベツは色紙切り、きゅうりは薄い輪切り、ラディッシュは薄切りにする。

2 ゆで卵は殻をむく。黄身と白身を分け、目の粗いザルで裏ごしする。

3 ボウルにⒶを混ぜ合わせ、**1**を加えてあえ、**2**を散らす。

 味チェンジ

マヨネーズ大さじ4、酢大さじ1
➡ プレーンヨーグルト大さじ4、レモン汁小さじ2でさわやかに

冷蔵	冷凍	こっくり
2日	×	

おしゃれ

キャベツを重ねて作る博多漬けに青じそをプラス

キャベツの博多漬け

材料 (5〜6人分)

キャベツ…………6枚(300g)
きゅうり…………………1本
青じそ…………………6枚
塩………………小さじ1弱

作り方 (⏱15分＋漬け時間10分)

1 キャベツはラップに包み、電子レンジ(600W)で2〜3分加熱する。きゅうり、青じそはせん切りにする。

2 ラップに**1**のキャベツ1枚を敷き、きゅうり、青じそ、塩を各1/5量ずつ散らし、キャベツ1枚をのせる。

3 **2**をくり返して重ねていき、最後にキャベツをのせる。

4 **3**をラップで包み、重しをのせて冷蔵庫でなじませ(10分)、食べやすく切る。

🥦🥕 食材チェンジ

青じそ6枚
➡ みょうが1個

冷蔵	冷凍	塩味
5日	×	

長持ち

ラクラク

冷蔵	冷凍
3日	**1**か月

ピリ辛

ちくわと相性のいいわさびをマヨネーズでまろやかに

キャベツとちくわのわさびマヨあえ

<u>材料</u>（5〜6人分）

キャベツ‥‥‥‥‥	**4枚**(200g)
ちくわ‥‥‥‥‥‥‥‥‥‥	3本
Ⓐ マヨネーズ‥‥‥‥	大さじ1
┃ 練りわさび‥‥‥	小さじ1/2
塩、黒いりごま‥‥‥‥	各少々

<u>作り方</u>（⏱5分）

1 キャベツは小さめざく切りにして、ラップで包み、電子レンジ（600W）で2分ほど加熱する。冷まして水けをよく絞る。ちくわは薄い輪切りにする。

2 ボウルにⒶを入れて混ぜ、**1**をあえ、塩で味を調えて、黒いりごまをふる。

 味チェンジ

練りわさび小さじ1/2
➡ 七味唐辛子適量で辛味を変更

ボリューム

冷蔵	冷凍
3日	**1**か月

スパイシー

キャベツを麺に見立ててヘルシーに

キャベツと豚肉のソース焼きそば風

<u>材料</u>（5〜6人分）

キャベツ‥‥‥‥‥	**8枚**(400g)
豚肩ロース薄切り肉‥‥	200g
塩、こしょう‥‥‥‥‥	各少々
中濃ソース‥‥‥‥‥	大さじ4
紅しょうが‥‥‥‥‥‥	10g
青のり‥‥‥‥‥‥‥	小さじ2
サラダ油‥‥‥‥‥‥	大さじ1

<u>作り方</u>（⏱15分）

1 キャベツと豚肩ロース薄切り肉はひと口大に切り、豚肉は塩、こしょうをふる。

2 フライパンにサラダ油を熱し、**1**の豚肉を中火で炒める。こんがり焼き色がついたら、キャベツを加えて2〜3分炒める。しんなりしたら中濃ソースを回しかけて炒め合わせる。

3 保存容器に移して、紅しょうが、青のりを散らす。

 アレンジ

炒めた中華蒸し麺とあえれば焼きそばの完成。お好みでソースを加えても。

紫が鮮やかな色映えサラダ

紫キャベツのペッパーレモンマリネ

材料 (5〜6人分)

紫キャベツ……1/2個(300g)
レモン………………………1個
塩………………………小さじ1
Ⓐ レモン汁＋酢
　　……合わせて大さじ4
　砂糖……………小さじ1
　こしょう……………少々
　オリーブ油……大さじ1

作り方 (⏱15分)

1. 紫キャベツはせん切りにし、塩をふって10分ほどおき、よく水けを絞る。レモンは薄切りを3枚とっていちょう切りにする。残りは絞り、酢と合わせてⒶの大さじ4にする。
2. ボウルにⒶを入れて混ぜ合わせ、キャベツといちょう切りのレモンを加えてさっくりあえる。

 食材チェンジ

紫キャベツ1/2個
➡ 紫玉ねぎ2個

冷蔵	冷凍
3日	×

さっぱり

おしゃれ

しょうがでさっぱりとさわやかに

キャベツのごましょうが漬け

材料 (5〜6人分)

キャベツ…………9枚(450g)
しょうが………………40g
塩………………………小さじ1
Ⓐ 塩、砂糖………各小さじ1
　白いりごま……大さじ2

作り方 (⏱15分)

1. キャベツは1cm幅のざく切りにし、塩をふって10分ほどおき、よく水けを絞る。しょうがはせん切りにする。
2. ボウルに1を合わせ、Ⓐを加えてあえる。

 食材チェンジ

キャベツ9枚
➡ パプリカ3個

冷蔵	冷凍
4日	×

塩味

長持ち

ほうれん草

濃い緑色で葉も茎もピンとしていてハリがあり、根が赤いものを選びましょう。
水けをしっかりきって調理すると、味がぼやけず、日持ちがよくなります。

ラクラク

冷蔵	冷凍	
3日	**1**か月	しょうゆ味

パンチの効いたにんにくの香りで食欲アップ

ほうれん草の和風ペペロンチーノ

材料 (5〜6人分)

ほうれん草………2束(400g)
にんにく………………………1片
赤唐辛子…………………………2本
A しょうゆ………小さじ2
  こしょう、砂糖
  ………各ひとつまみ
オリーブ油…………大さじ1

作り方 (⏱10分)

1 ほうれん草はざく切りにして、水にさらしてしっかり水けをきる。にんにくは薄切り、赤唐辛子は種を取る。

2 フライパンにオリーブ油、にんにく、赤唐辛子を入れて弱火で熱し、香りが立ったらほうれん草を加えて強火でさっと炒める。

3 しんなりしたら、A を加えて調味する。

 食材チェンジ

ほうれん草2束
➡ 好みのきのこ200g

ボリューム

冷蔵	冷凍	
3日	×	こっくり

ごまの香ばしさをたっぷり味わう

ほうれん草の白あえ

材料 (5〜6人分)

ほうれん草………1束(200g)
木綿豆腐…………………200g
A 砂糖……………大さじ1
  薄口しょうゆ……小さじ2
  塩……………小さじ1/2
  白すりごま……大さじ6

作り方 (⏱15分)

1 ほうれん草は塩ゆでして水にとり、3cm長さに切って水けをよく絞る。

2 木綿豆腐は、しっかりと水きりをする。

3 ボウルに 2 を入れて崩し、A を加えてあえ衣を作り、1 を加えてあえる。

 食材チェンジ

木綿豆腐200g
➡ 木綿豆腐100g、クリームチーズ
80gでコクをアップ

パリパリに揚げた
春巻きの食感とともに
**ささみとキャベツの
春巻き**
→P46

食べごたえのある
肉おかずに添えて
**合いびき肉の
やわらか角煮風**
→P63

スパイシーで
香ばしい魚と合う
**めかじきの
カレーソテー**
→P82

おしゃれ

刻んだくるみとパプリカパウダーがアクセント

ほうれん草とマカロニのカップサラダ

材料 (5〜6人分)

ほうれん草………1束(200g)
マカロニ(サラダ用)……100g
玉ねぎ………………1/4個
くるみ………………30g
塩…………………………少々
 塩、はちみつ…各小さじ1
　こしょう……………少々
　オリーブ油……大さじ2
パプリカパウダー………少々

🥬🥕 **食材チェンジ**

くるみ30g
→ ベーコン(カリカリに焼いて刻む)30g

作り方 (⏱20分)

1 鍋に湯を沸かし、マカロニを表示通りにゆで、ザルにあげてしっかりと水けをふく。同じ湯で、ほうれん草を塩ゆでして水にとり、2cm長さに切って水けをよく絞る。玉ねぎはみじん切りにし、塩もみする。

2 ボウルに🅐を入れて混ぜ合わせ、マカロニ、水けを絞った玉ねぎ、ほうれん草を加えてあえる。刻んだくるみ、パプリカパウダーをかける。

冷蔵	冷凍
3日	**1**か月

さっぱり

長持ち

甘めのごまみそがしっとりなじむ

ほうれん草のごまみそあえ

材料 (5〜6人分)

ほうれん草………1束(200g)
切り干し大根(乾燥)…　15g
🅐 みそ、だし汁
　………………各大さじ1強
　砂糖……………小さじ2
　しょうゆ……小さじ1/2
　白いりごま……大さじ1強

🍳 **味チェンジ**

🅐 → ゆずこしょう小さじ1、ポン酢しょうゆ大さじ2でピリ辛和風に

作り方 (⏱15分)

1 ほうれん草は塩ゆでして水にとり、4cm長さに切って水けをよく絞る。切り干し大根は水でもどしてさっと洗い、水けを絞ってざく切りにする。

2 ボウルに🅐を混ぜ合わせ、**1**を加えてあえる。

冷蔵	冷凍
4日	**1**か月

みそ味

● サブおかず（ほうれん草）

ラクラク

冷蔵 **2**日 ｜ 冷凍 **1**か月　さっぱり

酸みの効いただし汁でさっぱりと仕上げる

ほうれん草の梅おかか煮

材料（5〜6人分）

ほうれん草………**2束（400g）**
梅干し……………………5個
Ⓐ だし汁……………200㎖
　｜ しょうゆ………大さじ1
かつお節…………………5g

作り方（⏱10分）

1　ほうれん草は塩ゆでにして水にとり、水けを絞って4cm長さに切って水けをよく絞る。梅干しは種を取り除き、包丁でたたく。

2　鍋にⒶ、梅干しを入れて中火で煮立て、ほうれん草を加えてさっと煮て、かつお節をまぶす。

 食材チェンジ

ほうれん草2束
➡ 小松菜2束

ボリューム

冷蔵 **3**日 ｜ 冷凍 **1**か月　みそ味

たっぷり食べてもヘルシーなサラダ

ほうれん草の豚しゃぶサラダ

材料（5〜6人分）

ほうれん草………**1束（200g）**
豚ロース薄切り肉
　（しゃぶしゃぶ用）………100g
Ⓐ みそ、酢………各大さじ1
　｜ ごま油…………大さじ1/2
　｜ 砂糖……………小さじ1
　｜ 白すりごま……大さじ1/2
ごま油……………大さじ1/2

作り方（⏱15分）

1　ほうれん草は塩ゆでにして水にとり、水けを絞って4cm長さに切って水けをよく絞る。豚ロース薄切り肉は熱湯で2〜3分ゆでてザルにあげ、食べやすく切る。

2　1にごま油をかけてよくあえる。Ⓐはよく混ぜて、食べるときにかける。

［ 詰め方のコツ ］

たれは食べる直前にかける。たのしいたれ瓶に入れよう。

生地の代わりに油揚げで軽やかに

ほうれん草とサーモンのキッシュ

材料 (5〜6人分)

ほうれん草	1束 (200g)
スモークサーモン	80g
油揚げ	3〜4枚
玉ねぎ	1/4個
塩、こしょう	各少々
A 溶き卵	2個分
生クリーム、牛乳	各50㎖
粉チーズ	30g
塩、こしょう	各少々
バター	10g

作り方 (⏱40分)

1 油揚げはペーパータオルで余分な油をふき、1枚を6〜8等分に切って、オーブンシートを敷いた耐熱容器に敷き詰める。

2 ほうれん草はざく切り、玉ねぎは薄切りにする。

3 フライパンを熱してバターを溶かし、**2**を中火でさっと炒めて塩、こしょうをふる。

4 **1**に**3**、ちぎったスモークサーモンをのせて、合わせた**A**を流し入れる。オーブントースターで3〜4分焼き、アルミホイルをかぶせ、さらに15〜20分焼く。

 食材チェンジ

スモークサーモン80g
➡ ウインナーソーセージ4〜5本

冷蔵	冷凍	
3日	**1**か月	こっくり

おしゃれ

くるみの食感が心地よい

ほうれん草のくるみあえ

材料 (5〜6人分)

ほうれん草	3束 (600g)
くるみ	50g
A しょうゆ	大さじ2
みりん、砂糖	各大さじ1

作り方 (⏱10分)

1 ほうれん草は塩ゆでにして水にとり、水けを絞って4cm長さに切って水けをよく絞る。くるみは粗く刻む。

2 ボウルに**A**を入れて混ぜ合わせ、**1**を加えてあえる。

 味チェンジ

しょうゆ大さじ2
➡ みそ大さじ2でコクをアップ

冷蔵	冷凍	
4日	**1**か月	甘辛

長持ち

グリーンアスパラガス

茎が均一で太く、穂先のしまっているものを選びましょう。
炒めても、ゆでても、形が崩れず存在感があり、アレンジのしやすさも作りおき向きです。

ラクラク

ホットなたらマヨも美味

アスパラのたらマヨ炒め

<u>材料</u>（5〜6人分）

グリーンアスパラガス
　　　　　　　……………8本（200g）
たらこ……………………1腹
マヨネーズ…………大さじ2
オリーブ油…………小さじ1

<u>作り方</u>（🕒5分）

1 グリーンアスパラガスは薄い斜め切りにする。

2 フライパンにオリーブ油を熱して**1**を中火で炒め、火が通ったら、ほぐしたらことマヨネーズを加えて炒め合わせる。

冷蔵	冷凍
3日	**1**か月

塩味

 食材チェンジ

グリーンアスパラガス8本
➡ ズッキーニ1本

ボリューム

ひと口サイズのさっくり串揚げ

アスパラとチキンの串揚げ

<u>材料</u>（5〜6人分）

グリーンアスパラガス
　　　　　　　……………4本（100g）
鶏むね肉………………150g
小麦粉、溶き卵、パン粉
　　　　　　　…………各適量
Ⓐ 粒マスタード、マヨネーズ
　　　　　　　………各大さじ1
　 しょうゆ……大さじ1/2
揚げ油…………………適量

<u>作り方</u>（🕒20分）

1 グリーンアスパラガスは2cm長さに切る。鶏むね肉は2cm角に切り、アスパラガスと交互に串にさす。

2 **1**に小麦粉、溶き卵、パン粉の順に衣をつけ、170℃の揚げ油でカラッと揚げる。

3 混ぜ合わせた**Ⓐ**を添える。

冷蔵	冷凍
3日	**1**か月

スパイシー

 味チェンジ

粒マスタード大さじ1
➡ 練り辛子大さじ1で辛さ変更

甘酸っぱい
ケチャップ味
**たっぷり野菜の
ポークチャップ**
→P50

具だくさんの
炒めもの
**牛カルビの
豆板醤炒め**
→P68

シンプルイズベストな
焼き魚
**鮭のしっとり
塩焼き**
→P73

レモンのさわやかな香り漂う
アスパラときのこのレモンソテー

材料 (5〜6人分)

グリーンアスパラガス
　　　　　　…………8本(100g)
しめじ……………1パック
エリンギ…………1パック
白ワイン…………大さじ1
Ⓐ しょうゆ………小さじ2
　 レモン汁………小さじ1
　 粗びき黒こしょう‥‥少々
オリーブ油…………大さじ1

作り方 (⏱10分)

1 グリーンアスパラガスは3〜4cm
長さの斜め切りにする。しめじは
ほぐし、エリンギは食べやすい大
きさに切る。

2 フライパンにオリーブ油を熱し
て、1を中火で炒める。油が回っ
たら、白ワインを加えてさらに炒
め、Ⓐを加えて炒め合わせる。

 味チェンジ
レモン汁小さじ1
→ バルサミコ酢小さじ1でコクを

冷蔵	冷凍	
3日	**1**か月	しょうゆ味

たっぷり粉チーズでこっくり仕上げる
アスパラのチーズ焼き

材料 (5〜6人分)

グリーンアスパラガス
　　　　　　………10本(200g)
Ⓐ 粉チーズ………大さじ3
　 塩、粗びき黒こしょう
　　　　　　…………各少々
オリーブ油………大さじ1/2

作り方 (⏱10分)

1 グリーンアスパラガスは4cm長
さに切る。

2 フライパンにオリーブ油を熱し
て、1を中火で焼き、焼き色がつ
いてきたらⒶを加えて炒め合わ
せる。

 食材チェンジ
グリーンアスパラガス10本
→ ブロッコリー1株

冷蔵	冷凍	
4日	**1**か月	こっくり

127

ピーマン

鮮やかな緑でツヤがあり、肩が盛り上がって肉厚なものを選びましょう。
アレンジ次第でいつものおかずが手軽に彩り豊かに。

ラクラク

いかの燻製のうまみとラー油のピリ辛がよくからむ

ピーマンといかのラー油あえ

材料 (5〜6人分)

ピーマン…………8個(320g)
いかの燻製(市販)………50g
Ⓐ しょうゆ…………小さじ2
   白いりごま………小さじ1
   ラー油…………小さじ1
糸唐辛子………………適量

作り方 (⏱5分)

1 ピーマンはヘタと種を除いて細切りにし、熱湯で10秒ほどゆで、ザルにあげて水けをきる。いかの燻製は、長ければ切る。

2 ボウルにⒶを入れて混ぜる。1を加えてあえて、糸唐辛子を散らす。

🥦🥕 **食材チェンジ**

ピーマン8個
➡ キャベツ6枚

冷蔵	冷凍
3日	1か月

ピリ辛

ボリューム

粗びき黒こしょうをピリッと効かせて

ピーマンとウインナーのペッパー炒め

材料 (5〜6人分)

ピーマン…………8個(320g)
ウインナーソーセージ…4本
塩……………小さじ1/3〜
粗びき黒こしょう………少々
サラダ油…………小さじ1

作り方 (⏱10分)

1 ピーマンはヘタと種を除いて、縦半分に切り、横1cm幅に切る。ウインナーソーセージは斜め切りにする。

2 フライパンにサラダ油を熱して、1を中火で炒める。全体に油が回ったら、塩、粗びき黒こしょうをふり、さっと炒める。

 アレンジ

スクランブルエッグに加えれば朝食にぴったりの一品に。

冷蔵	冷凍
3日	1か月

スパイシー

みそが
ふんわり香ばしい
**豚肉の
みそ漬け焼き**
➡P57

香味野菜の効いた
おかずにも合う
**たらのレンジ
香味蒸し**
➡P79

スパイシーで
うまみたっぷり
のっけてパエリア
➡P91

コンビーフで満足感のある味わいに

ピーマンのコンビーフソテー

材料 (5〜6人分)

ピーマン	5個(200g)
赤ピーマン	2個(80g)
ヤングコーン(水煮)	1パック(100g)
コンビーフ(缶詰)	1缶(100g)
塩	小さじ1/3
こしょう	少々
サラダ油	小さじ1

作り方 (⏱15分)

1 ピーマン、赤ピーマンはヘタと種を除いて、細切りにする。ヤングコーンは斜めに2等分に切る。

2 フライパンにサラダ油を熱して、**1**を中火で炒める。油が回ったら、コンビーフをほぐしながら加え、塩、こしょうをふり、ざっくりと炒め合わせる。

冷蔵 **3**日 ｜ 冷凍 **1**か月 　こっくり

🥦🥕 **食材チェンジ**

コンビーフ1缶
➡ ツナ1缶

おしゃれ

食感を活かしてシャキシャキに

ピーマンのごまナムル

材料 (5〜6人分)

ピーマン	8個(320g)
Ⓐ 白すりごま	大さじ2
塩	小さじ1/2
おろしにんにく	少々
ごま油	大さじ2

作り方 (⏱10分)

1 ピーマンはヘタと種を除き、乱切りにして、熱湯でさっとゆでて水けをふく。

2 ボウルにⒶを混ぜ合わせ、**1**を熱いうちに加えて全体をあえる。

冷蔵 **4**日 ｜ 冷凍 **1**か月 　塩味

🍶 **味チェンジ**

塩小さじ1/2
➡ ナンプラー小さじ1〜2でエスニック風に

長持ち

● サブおかず

きゅうり

太さが均一でハリと弾力があり、いぼがピンとしているものを。
サラダや漬けものなどが多いですが、加熱して水分をとばしても日持ちがします。

ラクラク

うまみは塩昆布におまかせ

きゅうりの塩昆布漬け

材料 (5〜6人分)

きゅうり……………3本 (300g)
塩昆布…………………………10g
白いりごま…………小さじ2
塩…………………………………少々

作り方 (⏱5分＋漬け時間10分)

1 きゅうりは両端を切り落とし、ポリ袋に入れてめん棒でたたき、食べやすい大きさに割る。

2 保存袋に **1**、塩昆布、白いりごま、塩を加えてよくもみ、味をなじませる(10分)。

冷蔵	冷凍	
3日	✕	塩味

 食材チェンジ

きゅうり3本
➡ 大根1/3本

ボリューム

炒めたきゅうりの食感をたのしむ

きゅうりと鶏肉の中華炒め

材料 (5〜6人分)

きゅうり……………3本 (300g)
鶏もも肉………………………1/2枚
しょうが、にんにく
　(各みじん切り)………各1片分
塩、こしょう…………各少々
片栗粉………………………適量
Ａ オイスターソース
　………………大さじ1と1/2
　酒………………………大さじ1
　砂糖、しょうゆ
　………………………各小さじ1
ごま油………………………大さじ1

作り方 (⏱15分)

1 きゅうりは縦半分に切って種を除き、乱切りにする。

2 鶏もも肉は小さめのひと口大に切り、塩、こしょうをふり、片栗粉を軽くまぶしておく。

3 フライパンにごま油、しょうが、にんにくを入れて弱火で熱し、香りが立ったら、**2** を加えて中火で炒める。

4 全体に焼き色がついたら、**1** を加えて焼き色がつくまで強火で炒め、**Ａ** を加えて炒め合わせる。

冷蔵	冷凍	
3日	✕	こっくり

ふわふわ食感で
香ばしい
豆腐のお焼き
➡ P44

山椒の風味が
効いてる
**豚肉とれんこんの
山椒きんぴら**
➡ P48

甘辛味の
めしともおかず
**いかの
やわらか煮**
➡ P87

彩り鮮やかなスプーンサラダ
きゅうりのチョップドサラダ

材料 (5〜6人分)

きゅうり	2本(200g)
紫玉ねぎ	1/2個
パプリカ(赤)	1/2個
鶏むね肉	150g
イタリアンパセリ	1パック
塩、酒	各少々
A レモン汁	大さじ1
砂糖	小さじ1
塩	小さじ1/2
オリーブ油	大さじ2

作り方 (⏱15分)

1 きゅうりは縦半分に切って種を除いて1cm角に切り、塩をふって少しおき、水けをふく。紫玉ねぎ、ヘタと種を除いたパプリカも1cm角に切り、イタリアンパセリはざく切りにする。

2 鶏むね肉は耐熱容器に入れて塩、酒をふり、ラップをかけて電子レンジ(600W)で7分加熱する。そのまま冷まして、角切りにする。

3 ボウルに **A** を入れて混ぜ合わせ、**1**、**2** を加えてよくあえる。

冷蔵	冷凍	
3日	×	甘酸っぱい

おしゃれ

白みそが辛子をまろやかな辛さに
きゅうりの辛子みそあえ

材料 (5〜6人分)

きゅうり	3本(300g)
塩	小さじ1/2
白みそ	大さじ2
練り辛子	小さじ1

作り方 (⏱10分)

1 きゅうりは1cm幅の輪切りにし、塩をふって5分ほどおき、水けをふく。

2 ボウルに白みそ、練り辛子を混ぜ合わせ、**1** を加えてあえる。

 味チェンジ

練り辛子小さじ1
➡ コチュジャン小さじ1/2で韓国
風に

冷蔵	冷凍	
4日	×	ピリ辛

長持ち

ズッキーニ

皮にハリとツヤがあり、太すぎず均一にふくらみがあるものが良品。
水けが出にくいので、作りおき向きの日持ちする食材です。

ラクラク

冷蔵	冷凍	
3日	**1**か月	**甘辛**

ポリポリ食材の便利おかず

ズッキーニとにんじんの甘辛炒め

材料 (5～6人分)

ズッキーニ……**大2本(500g)**
にんじん………………1/2本
🅐 しょうゆ、酒…各大さじ1
│ みりん、砂糖
│ …………各大さじ1/2
白いりごま…………大さじ1
ごま油………………小さじ2

作り方 (⏱10分)

1 ズッキーニ、にんじんは拍子木切りにする。

2 フライパンにごま油を熱し、**1**を中火で炒める。油が回ったら、🅐を加えて、汁けがなくなるまで炒める。火を止めて、白いりごまをふる。

 味チェンジ

白いりごま大さじ1
➡ 粉山椒小さじ1/4でピリッと

ボリューム

冷蔵	冷凍	
3日	**1**か月	**さっぱり**

食材の水分だけなのでうまみが濃い

ズッキーニと鶏肉のトマト煮

材料 (5～6人分)

ズッキーニ………**2本(400g)**
鶏もも肉………………1枚
玉ねぎ…………………1/4個
にんにく (みじん切り)……1片分
塩、こしょう…………各少々
🅐 カットトマト(缶詰)……1缶
│ コンソメスープの素(顆粒)
│ …………………小さじ2
│ 塩………………小さじ1/4
│ こしょう…………少々
│ ローリエ…………………1枚
オリーブ油…………小さじ2

作り方 (⏱25分)

1 ズッキーニは1cm幅の半月切り、玉ねぎは1cm角、鶏もも肉はひと口大に切って、塩、こしょうをふる。

2 鍋にオリーブ油とにんにくを入れて弱火で熱し、香りが立ったら、鶏肉を中火で炒める。肉に焼き色がついてきたら、ズッキーニ、玉ねぎを加えて炒める。

3 全体に油が回ったら、🅐を加えて15分ほど煮る。

おすすめ組み合わせおかず

しっかりがっつり
スパイシー
**レンジ
キーマカレー**
→P61

イタリアンな
お弁当に
**さんまの
イタリアングリル**
→P80

合わせやすい
彩りおかず
**あさりとにらの
卵焼き**
→P90

ズッキーニとパプリカのジューシーな甘さを味わう
焼きズッキーニとパプリカのサラダ

材料 (5〜6人分)

ズッキーニ	2本 (400g)
パプリカ (赤・黄)	各1/4個
塩	小さじ1/3
こしょう	少々
バジル (乾燥)	小さじ1
オリーブ油	大さじ1

作り方 (⏱15分)

1 ズッキーニは1cm幅の輪切り、パプリカはヘタと種を取り除いて乱切りにする。

2 フライパンにオリーブ油を熱して**1**を中火で焼き、全体に焼き色がついたら、塩、こしょう、バジルをふる。

📞🐙 アレンジ

スモークサーモンやモッツァレラチーズと重ねて並べて、洋風のおつまみに。

冷蔵	冷凍	塩味
3日	1か月	

おしゃれ

じっくり焼いたチーズ入りの衣が香ばしい
ズッキーニのチーズピカタ

材料 (5〜6人分)

ズッキーニ	1本 (200g)
塩	少々
小麦粉	適量
Ⓐ 溶き卵	1個分
粉チーズ	大さじ2
オリーブ油	小さじ2

作り方 (⏱20分)

1 ズッキーニは1.5cm幅の輪切りにして、塩をふってしばらくおく。水けをふき、小麦粉を薄くまぶす。

2 フライパンにオリーブ油を中火で熱し、混ぜ合わせた**Ⓐ**に**1**をくぐらせて入れ、両面にこんがりと焼き色がつくまで弱火で焼く。

🥦🥕 食材チェンジ

ズッキーニ1本
➡ 鶏むね肉1枚

冷蔵	冷凍	こっくり
4日	1か月	

長持ち

小松菜

葉は肉厚でやわらか、茎はピンとしてハリがあり、鮮やかな緑色のものを。
炒めても、歯ぎれのよいシャキシャキとした食感のままなので作りおきに向きます。

ラクラク

冷蔵	冷凍
3日	1か月

塩味

香ばしい桜えびが小松菜と相性◎

小松菜と桜えびのさっと炒め

<u>材料</u>（5〜6人分）

小松菜	2束（300g）
桜えび（乾燥）	大さじ2
酒	大さじ1強
塩、こしょう	各少々
ごま油	大さじ1強

<u>作り方</u>（⏱10分）

1. 小松菜は3cm長さに切る。
2. フライパンにごま油を熱して桜えびを中火で炒め、香りが立ったら、**1**を加えて炒め合わせる。
3. 酒を加えて炒め、塩、こしょうで味を調える。

 アレンジ

ゆでたスパゲッティとあえて、桜えびとごま油の風味豊かなパスタに。

ボリューム

冷蔵	冷凍
3日	1か月

しょうゆ味

肉で巻くから食べごたえばつぐん

小松菜の肉巻き

<u>材料</u>（5〜6人分）

小松菜	2束（300g）
豚ロース薄切り肉（しゃぶしゃぶ用）	15枚
塩、こしょう	各少々
Ａ しょうゆ	大さじ2
酒、みりん	各大さじ1
砂糖	大さじ1/2
サラダ油	小さじ1

<u>作り方</u>（⏱25分）

1. 小松菜は塩ゆでにして水にとり、水けを絞って4cm長さに切り、葉と茎を混ぜて15等分に分ける。
2. 豚ロース薄切り肉を広げて塩、こしょうをふり、**1**をのせて巻く。
3. フライパンにサラダ油を熱し、**2**の巻き終わりを下にして中火で焼く。ときどき転がしながら全体に焼き色をつけ、合わせた**Ａ**を加えてからめる。

 食材チェンジ

小松菜2束
➡ 好みのきのこ200g

ごまの風味が
たっぷりと
ごま鶏
→P43

さっぱりイケる
肉サラダ
**ゆで豚の
ポン酢あえ**
→P52

和風な
てりやき味
**ぶりの
照り焼き**
→P76

ピーナッツバターとミックスナッツで濃厚に

小松菜のバターナッツあえ

材料 (5〜6人分)

小松菜…………2束(300g)
ミックスナッツ…………30g
Ⓐ ピーナッツバター
　　…………大さじ2
　 砂糖…………小さじ2
　 しょうゆ、みりん
　　…………各大さじ1

作り方 (⏰10分)

1. 小松菜は塩ゆでにして水にとり、水けを絞って4cm長さに切る。
2. 保存容器に 1 を入れ、混ぜ合わせた Ⓐ をかけて、砕いたミックスナッツを散らす。

味チェンジ

Ⓐ ➡ みそ大さじ2、白いりごま大さじ2で和風に

冷蔵	冷凍	こっくり
3日	1か月	

おしゃれ

山椒の独特の香りがヤミツキに

小松菜のごま山椒あえ

材料 (5〜6人分)

小松菜…………2束(300g)
Ⓐ 黒すりごま……大さじ4
　 砂糖…………大さじ2
　 粉山椒…………小さじ1
しょうゆ……大さじ1と1/2

作り方 (⏰10分)

1. 小松菜は塩ゆでにして水にとり、4cm長さに切ったら水けをよく絞る。
2. ボウルに Ⓐ を合わせ、1 を加えて全体によく混ぜ合わせ、しょうゆを加えてあえる。

食材チェンジ

小松菜2束
➡ 春菊2束

冷蔵	冷凍	ピリ辛
4日	1か月	

長持ち

135

野菜の下ごしらえ&アレンジレシピ

そのまますきまに詰めても、アレンジしてサブおかずにしてもOKな、便利な野菜の作りおきを紹介します。

ゆでブロッコリー

冷蔵	冷凍
4日	**1**か月

ブロッコリー2株は小房に分けて、2分ほど塩ゆでしてしっかり水けをきる。

アレンジ1
ブロッコリーのおかかごまあえ

材料（1人分）
ゆでブロッコリー……………30g
Ⓐ かつお節………1/3パック（1g）
　 白すりごま…………小さじ1/2
　 しょうゆ、ごま油………各少々

作り方
❶ ゆでブロッコリーをⒶであえる。

アレンジ2
ブロッコリーのタルタルあえ

材料（1人分）
ゆでブロッコリー……………30g
Ⓐ きゅうりのピクルス（みじん切り）
　 ……………………小さじ1
　 マヨネーズ…………小さじ2
　 はちみつ………………少々

作り方
❶ Ⓐをよく混ぜ合わせ、ゆでブロッコリーを加えてあえる。

ゆでほうれん草

冷蔵	冷凍
4日	**1**か月

ほうれん草2束は塩ゆでして、しっかり水けを絞り、6等分にしてラップに包む。

アレンジ1
ほうれん草のピリ辛ナムル

材料（1人分）
ゆでほうれん草…………1人分（30g）
Ⓐ 白すりごま…………小さじ1/2
　 しょうゆ、ラー油………各少々

作り方
❶ Ⓐをよく混ぜ合わせ、ゆでほうれん草を加えてあえる。

アレンジ2
ほうれん草のチーズソテー

材料（1人分）
ゆでほうれん草…………1人分（30g）
塩、こしょう………………各少々
粉チーズ……………小さじ1/2
オリーブ油……………小さじ1/2

作り方
❶ フライパンにオリーブ油を熱し、ゆでほうれん草を加えて中火でさっと炒め、塩、こしょう、粉チーズをふる。

ゆでオクラ

冷蔵	冷凍
4日	**3**週間

オクラ7本は板ずりしてがくを取り、塩ゆでして水けをふく。

アレンジ1
オクラの辛子あえ

材料（1人分）
ゆでオクラ……………1本（30g）
Ⓐ ごま油……………小さじ1/2
　 砂糖……………ひとつまみ
　 練り辛子………………少々

作り方
❶ ゆでオクラは斜め切りにし、よく混ぜ合わせたⒶであえる。

アレンジ2
オクラの丸ごとサラダ

材料（1人分）
ゆでオクラ……………1本（30g）
Ⓐ オリーブ油…………小さじ1/2
　 レモン汁…………………少々
　 塩、はちみつ…………各少々

作り方
❶ Ⓐをよく混ぜ合わせ、ゆでオクラを加えてあえる。

ゆでにんじん

冷蔵 **4**日｜冷凍 **1**か月

にんじん1本は短めの細切りにして塩ゆでし、水けをふき、6等分にしてラップに包む。

アレンジ1

にんじんの焼きたらこあえ

材料（1人分）
ゆでにんじん…………1人分（30g）
たらこ………………………1/2腹
酒………………………………少々
マヨネーズ………………小さじ1

作り方
1 たらこは酒をふり、アルミホイルでふんわりと包み、オーブントースターで5分焼く。ゆでにんじんは電子レンジで温める。
2 ボウルにたらこをほぐし入れ、にんじん、マヨネーズを加えてあえる。

アレンジ2

にんじんの簡単グラッセ

材料（1人分）
ゆでにんじん…………1人分（30g）
A｜砂糖、バター…………各小さじ1
　｜コンソメスープの素（顆粒）…少々

作り方
1 耐熱容器にゆでにんじん、Aを入れて、電子レンジ（600W）で1分加熱する。

蒸しじゃがいも

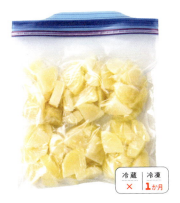

冷蔵 **×**｜冷凍 **1**か月

じゃがいも2個は皮をむいて1cm幅のいちょう切りにして、少量の水を入れてフライパンで5分ほど蒸し、水けをとばす。6等分にしてラップに包む。

アレンジ1

じゃがいものコチュジャンあえ

材料（1人分）
蒸しじゃがいも…………1人分（40g）
A｜しょうゆ……………小さじ1
　｜コチュジャン………小さじ1/2

作り方
1 蒸しじゃがいもは電子レンジで温め、よく混ぜ合わせたAであえる。

アレンジ2

ひと口焼きコロック

材料（1人分）
蒸しじゃがいも…………1人分（40g）
塩、こしょう………………各少々
小麦粉、溶き卵、パン粉、サラダ油
………………………………各適量

作り方
1 蒸しじゃがいもは電子レンジで温め、塩、こしょうをふってつぶす。2つに分けて丸め、小麦粉、溶き卵、パン粉の順に衣をつける。
2 小さいフライパンに深さ1cmほどサラダ油を熱し、1を入れてこんがりと揚げ焼きにする。

蒸しかぼちゃ

冷蔵 **4**日｜冷凍 **1**か月

かぼちゃ1/4個は2cm角に切り、少量の水を入れてフライパンで7～8分ほど蒸し、水けをとばす。6等分にしてラップに包む。

アレンジ1

かぼちゃのハニーナッツあえ

材料（1人分）
蒸しかぼちゃ…………1人分（40g）
ミックスナッツ………………10g
はちみつ…………………小さじ1
塩………………………………少々

作り方
1 蒸しかぼちゃは電子レンジで温め、ミックスナッツは刻む。
2 ボウルに1を入れて、はちみつ、塩を加えてあえる。

アレンジ2

かぼちゃのマヨグラタン

材料（1人分）
蒸しかぼちゃ…………1人分（40g）
マヨネーズ……………………適量

作り方
1 蒸しかぼちゃは電子レンジで温め、粗くつぶしてアルミカップに入れる。マヨネーズを絞りかけ、オーブントースターで焼き色がつくまで焼く。

じゃがいも

切り口から変色しやすいので、すぐに水にさらしましょう。
食感が変わってしまうので、基本的に冷凍は不向きです。

ラクラク

赤じそふりかけにマヨネーズのコクが絶妙

じゃがいもの赤じそあえ

材料 (5〜6人分)

じゃがいも………3個(600g)
Ⓐ マヨネーズ………大さじ4
└ 赤じそふりかけ…大さじ2

作り方 (⏱10分)

1. じゃがいもは1.5cm角に切り、竹串が通るまでゆでて、水けをふく。
2. ボウルに1とⒶを入れて、混ぜ合わせる。

 味チェンジ
赤じそふりかけ大さじ2
➡ 青のり大さじ2で色味も変えて

冷蔵	冷凍	
3日	×	酸っぱい

ボリューム

じゃがいもはつぶさずに食感よく

ごろごろポテトサラダ

材料 (5〜6人分)

じゃがいも………3個(600g)
にんじん………………1本
玉ねぎ………………1/2個
きゅうり………………2本
ロースハム………………6枚
塩………………小さじ1/3
Ⓐ オリーブ油………大さじ2
├ 酢………………大さじ1
├ 塩………………小さじ2/3
└ こしょう………………少々
マヨネーズ………………100g

食材チェンジ
きゅうり2本
➡ ブロッコリー1株

作り方 (⏱25分)

1. じゃがいもはひと口大に切り、にんじんは5mm厚さのいちょう切りにする。鍋に入れ、たっぷりの水を入れてやわらかくなるまで中火でゆでる。
2. 玉ねぎは薄切りにする。きゅうりは薄い輪切りにして塩もみして水けを絞る。ロースハムは細切りにする。
3. 1の鍋に玉ねぎを加えてさっとゆで、ザルにあげてしっかり水けをきる。熱いうちにボウルに移してⒶを加えて混ぜ、粗熱がとれたら、マヨネーズ、きゅうり、ロースハムを加えて混ぜる。

冷蔵	冷凍	
2日	×	こっくり

チーズがこんがり
冷めてもおいしい
**チキンの
ピザ焼き**
➡P40

カリカリ食感が
たのしめる
**ささみの
クリスピーチキン**
➡P47

焼きのりの風味が
じゃがいもにも合う
**めかじきの
磯辺焼き**
➡P82

ハーブ香る大人のフライドポテト

フライドハーブポテト

材料 (5〜6人分)

じゃがいも………3個 (600g)
小麦粉…………………適量
ローズマリー……………4枝
塩………………小さじ1/2
オリーブ油……………適量

作り方 (⏲25分)

1 じゃがいもは棒状に切る。水にさらして水けをふき、小麦粉を薄くまぶす。

2 フライパンに**1**、ローズマリーを入れ、ひたひたになるくらいのオリーブ油を入れて、中火で揚げ焼きにする。

3 じゃがいもがきつね色になったら、取り出して塩をふる。

 味チェンジ

ローズマリー4枝
➡粉チーズ小さじ2、カレー粉小さじ1を仕上げの塩に加えてスパイシーに

冷蔵	冷凍	
3日	×	塩味

おしゃれ

王道のじゃがバタにベーコンのうまみをプラス

じゃがいものバターじょうゆ炒め

材料 (5〜6人分)

じゃがいも………3個 (600g)
ベーコン…………………3枚
バター……………………20g
しょうゆ……………大さじ1
塩…………………………少々
サラダ油……………小さじ1

作り方 (⏲20分)

1 じゃがいもは薄いいちょう切りにして水にさらさず。水けをきってラップに包み、電子レンジ (600W)で5〜8分加熱する。ベーコンは短冊切りにする。

2 フライパンにサラダ油を熱してベーコンを中火で炒め、余分な脂をふき、じゃがいも、バター、しょうゆ、塩を加えて炒め合わせる。

🦑🐙 アレンジ

ご飯に混ぜてピラフ風に。味は、しょうゆで調え、パセリのみじん切りや粗びき黒こしょうをふって。

冷蔵	冷凍	
4日	×	しょうゆ味

長持ち

139

○ サブおかず（じゃがいも）

ラクラク

冷蔵	冷凍
3日	×

ピリ辛

どこかなつかしいカレー風味
じゃがいものカレー煮

材料 (5〜6人分)

じゃがいも………3個(600g)
Ⓐ 水………………………200㎖
　コンソメスープの素(固形)
　………………………1個
　バター………………15g
　カレー粉………小さじ1
パセリ(みじん切り)………適量

作り方 (⏲15分)

1. じゃがいもは1cm幅のいちょう切りにする。

2. 鍋に **1**、Ⓐを入れてふたをし、中火でやわらかくなるまで蒸し煮にし、パセリを散らす。

 味チェンジ

カレー粉小さじ1
➡ ゆずこしょう小さじ1でさっぱり＆辛く

ボリューム

冷蔵	冷凍
3日	**1**か月

塩味

ツナマヨ味のほっくりコロッケ
ツナと小松菜のコロッケ

材料 (5〜6人分)

じゃがいも………………4個
小松菜…………………1/2束
ツナ(缶詰)………2缶(160g)
塩、こしょう…………各少々
マヨネーズ…………大さじ2
小麦粉、溶き卵、パン粉
………………………各適量
揚げ油…………………適量

作り方 (⏲40分)

1. じゃがいもはひと口大に切って鍋に入れ、たっぷりの水を入れてやわらかくなるまで中火でゆでる。ザルにあげて、熱いうちにボウルに移して粗くつぶす。小松菜は1cmのざく切りにして塩少々(分量外)をふり、水けを絞る。

2. ボウルに缶汁をきったツナ、**1**、塩、こしょう、マヨネーズを入れてよく混ぜ、10等分に丸める。

3. **2**に小麦粉、溶き卵、パン粉の順に衣をつけ、170℃の揚げ油でカラッと揚げる。

 食材チェンジ

ツナ2缶
➡ ロースハム5枚

さっとゆでて、シャキシャキ感をたのしんで

シャキシャキじゃがいもサラダ

材料 (5〜6人分)

じゃがいも………2個(400g)
パプリカ(赤)…………1/2個
ロースハム……………4枚
Ⓐ オリーブ油………大さじ3
　白ワインビネガー
　………………………大さじ2
　粒マスタード、砂糖
　…………………各大さじ1/2
　塩……………………小さじ1/4

作り方 (⏱10分)

1 じゃがいもは細切りにし、水にさらす。ヘタと種を除いたパプリカ、ロースハムは細切りにする。

2 鍋に熱湯を沸かし、**1**のじゃがいもとパプリカを入れてさっとゆで、ザルにあげて水けをしっかりとふく。

3 ボウルにⒶを混ぜ合わせて**1**のハム、**2**を加えて、よく混ぜ合わせる。

[調理のコツ]

切ったじゃがいもは、水にさらしておくと、加熱してもシャキシャキが保てる。

冷蔵	冷凍
3日	×

甘酸っぱい

おしゃれ

こっくりと甘いみそをからめて

みそポテト

材料 (5〜6人分)

じゃがいも………3個(600g)
Ⓐ 白みそ………………200g
　砂糖………………150g
　みりん………………50㎖
　酒…………………100㎖
揚げ油…………………適量

作り方 (⏱15分)

1 じゃがいもはひと口大に切って水にさらす。耐熱容器に入れてラップをして電子レンジ(600W)で5分加熱する。

2 鍋にⒶを入れて中火にかけ、とろりとするまで煮つめる。

3 170℃の揚げ油で**1**をカラッと揚げて、きつね色になったら**2**に加えてからめる。

 食材チェンジ

じゃがいも3個
➡ 里いも600g

冷蔵	冷凍
4日	×

みそ味

長持ち

里いも・長いも

里いもは丸々としてみっちりと詰まっているものを、
長いもは表皮がきれいで、切り口が変色していないものを選びましょう。

ラクラク

あとからわさびがツンと香ってアクセントに
長いものわさび漬け

材料 (5～6人分)

長いも	400g
Ⓐ 水	50㎖
白だし	大さじ1
練りわさび	小さじ1
刻み昆布 (乾燥)	2g

作り方 (🕐5分＋漬け時間1時間)

1. 長いもは1cm角の拍子木切りにする。

2. 保存容器に混ぜ合わせたⒶと1を入れて、冷蔵庫で味をなじませる (1時間)。

🥦🥕 食材チェンジ

長いも400g
➡ 小松菜2束

冷蔵	冷凍	
3日	✕	ピリ辛

ボリューム

あめ色にこっくり煮た至福の味
里いもと豚肉の炒め煮

材料 (5～6人分)

里いも	400g
豚こま切れ肉	200g
しょうが	1片
Ⓐ しょうゆ、みりん、酒	各大さじ2
サラダ油	小さじ2

作り方 (🕐20分)

1. 里いもは皮に切り込みを入れて1つずつラップに包み、電子レンジ (600W)で6～8分加熱する。熱いうちに皮をむいてひと口大に切る。しょうがはせん切りにする。

2. フライパンにサラダ油を中火で熱して1のしょうがを炒める。香りが立ったら豚こま切れ肉を加えて炒める。

3. 肉の色が変わったら、1の里いも、合わせたⒶを加えて汁けがなくなるまで炒め煮にする。

🍲 味チェンジ

しょうが1片
➡ 豆板醤小さじ1/2でピリ辛に

冷蔵	冷凍	
3日	**1**か月	しょうゆ味

ふんわり食感の
やさしい味
豆腐のお焼き
→ P44

彩りあんがたっぷりな
ヘルシーおかず
**たらの
野菜あん**
→ P79

さっぱり&こんがりな
シンプルメイン
焼きしめさば
→ P85

里いも×クリームチーズでクリーミーな味わい

里いものクリチーツナサラダ

材料 (5〜6人分)

里いも……………………300g
クリームチーズ………100g
紫キャベツ……………100g
ツナ (缶詰)…………1缶(80g)
塩、こしょう…………各少々

作り方 (⏱15分)

1 里いもは皮に切り込みを入れて、1つずつラップに包み電子レンジ(600W)で6〜8分加熱する。熱いうちに皮をむいてボウルに入れ、クリームチーズを加え、粗くつぶす。

2 紫キャベツは1cm角に切る。

3 1に2、ツナを缶汁ごと加えてさっくりと混ぜ合わせ、塩、こしょうで味を調える。

 食材チェンジ

里いも300g
➡ カリフラワー1株

冷蔵	冷凍	こっくり
3日	1か月	

サクサク&さわやかな箸休め

長いものレモンあえ

材料 (5〜6人分)

長いも………………………400g
A レモン汁…………大さじ2
　オリーブ油………大さじ1
　砂糖………大さじ1と1/2
　塩…………………小さじ1
　こしょう……………少々

作り方 (⏱10分+漬け時間15分)

1 長いもは皮をむき、乱切りにする。

2 ボウルに**A**を入れてよく混ぜ合わせ、**1**を加えてあえ、冷蔵庫で味をなじませる(15分)。

 アレンジ

たたいて崩し、冷たいそばにのせ、
青じそのせん切りを散らす。

冷蔵	冷凍	さっぱり
4日	×	

143

玉ねぎ

皮にハリがあり、上部がかたくキュッとしまっているものが良品です。
生食の場合はしっかり水けをきって、加熱の場合はじっくり火を通して。

ラクラク

冷蔵	冷凍	
3日	1か月	塩味

コンビーフのうまみがじんわりしみてる

玉ねぎとコンビーフの卵炒め

<u>材料</u>（5〜6人分）

玉ねぎ…………2個（400g）
コンビーフ（缶詰）…1缶（100g）
A 溶き卵……………2個分
　塩、粗びき黒こしょう
　………………各少々
サラダ油…………小さじ2

<u>作り方</u>（⏱5分）

1　玉ねぎは薄切りにする。

2　フライパンにサラダ油を熱し、コンビーフをほぐしながら全体に広げ、1の玉ねぎを加えて中火で炒め合わせる。

3　玉ねぎがしんなりしたら、合わせたAを回し入れて軽く混ぜ、卵に火が通ったら、火を止める。

🌭 🐙 アレンジ

トーストしてバターを塗った食パンに、レタスとともにはさんでサンドイッチに。

ボリューム

冷蔵	冷凍	
3日	×	ピリ辛

エスニックな甘めのソースをからめて

玉ねぎのスイートチリソース炒め

<u>材料</u>（5〜6人分）

玉ねぎ…………2個（400g）
厚揚げ………………1枚
A スイートチリソース
　……………大さじ3
　トマトケチャップ
　……………大さじ2
パクチー……………適量
サラダ油…………大さじ1

<u>作り方</u>（⏱10分）

1　玉ねぎは薄いくし形切りにする。厚揚げは縦に半分に切ってから1.5cm幅に切る。

2　フライパンにサラダ油を熱して、1を中火で炒め、玉ねぎがしんなりしたら、合わせたAを加えて炒め、ざく切りにしたパクチーを散らす。

🥦 🥕 食材チェンジ

厚揚げ1枚
➡ 豚こま切れ肉200g

甘辛味で
ご飯に合う
**牛肉の
プルコギ炒め**
→ P65

香ばしいごまが
たっぷり
**あじの
ごま焼き**
→ P75

パンチの効いた
にんにく風味
**ぶりのにんにく
じょうゆ揚げ**
→ P77

デリ風なマリネサラダ

紫玉ねぎのハーブサラダ

材料 (5〜6人分)

紫玉ねぎ…………2個(400g)
レモン(輪切り)……………3枚
塩………………小さじ1/4
Ⓐ オリーブ油………大さじ2
　砂糖……………小さじ2
　塩……………小さじ1/2
　こしょう……………少々
ディル………………適量

作り方 (🕙10分)

1. 紫玉ねぎは薄切りにして、塩をふり、5分ほどおいて水けを絞る。レモンはいちょう切りにする。
2. ボウルにⒶをよく混ぜ合わせ、1と、ちぎったディルを加えてあえる。

 食材チェンジ

紫玉ねぎ2個
➡ パプリカ2個

おしゃれ

冷蔵	冷凍	
3日	×	さっぱり

スパイシーなカレー風味で日持ちも◎

玉ねぎとカリフラワーのカレーマリネ

材料 (5〜6人分)

玉ねぎ……………2個(400g)
カリフラワー…………1/2株
Ⓐ酢………………200㎖
　水………………50㎖
　砂糖……………小さじ2
　カレー粉………小さじ1
　塩………………小さじ2/3
　ローリエ……………1枚

作り方 (🕙10分+漬け時間2時間)

1. 玉ねぎはくし形切りに、カリフラワーは小房に分ける。
2. 鍋にたっぷりの湯を沸かし、1のカリフラワーをかためにゆで、玉ねぎを加えてさっとゆでて、ザルにあげて水けをきる。
3. 小鍋にⒶを入れて、中火でひと煮立ちさせて保存容器に入れ、熱いうちに2を入れて、冷蔵庫で味をなじませる(2時間)。

味チェンジ

カレー粉小さじ1
➡ 好みのハーブ(みじん切り)小さじ1でおしゃれに

長持ち

冷蔵	冷凍	
4日	1か月	スパイシー

145

もやし

弾力があり、ピンとハリのあるものが良品。
水けが多く、食感が変わるので、冷凍は不向きです。

ラクラク

冷蔵 **3日** / 冷凍 **×** / スパイシー

ザーサイの歯ごたえがおいしさのポイント!

もやしとピーマンのレンジ蒸し

材料（5〜6人分）

もやし……………2袋(400g)
ピーマン………………4個
ザーサイ………………80g
A しょうゆ………大さじ1
　鶏がらスープの素(顆粒)
　……………小さじ1/3
　粗びき黒こしょう…少々

作り方（⏱10分）

1 ピーマンはヘタと種を除いて縦半分に切り、横に薄切りにする。ザーサイはせん切りにする。

2 耐熱容器にもやし、**1**を入れてふんわりとラップをかけ、電子レンジ(600W)で3分加熱し、ザルにあげてしっかり水けをきる。

3 **2**に合わせた**A**を加えてあえる。

 食材チェンジ
ピーマン4個
➡ 小松菜1束

ボリューム

冷蔵 **3日** / 冷凍 **×** / ピリ辛

食べごたえばつぐんのしっかり味

もやしと豚肉のピリ辛炒め

材料（5〜6人分）

もやし……………2袋(400g)
豚こま切れ肉…………150g
A オイスターソース
　………大さじ2と1/2
　豆板醤…………小さじ1
　しょうゆ………小さじ2
　塩………………少々
ごま油……………大さじ1

作り方（⏱10分）

1 豚こま切れ肉は細切りにする。

2 フライパンにごま油を熱して、**1**を中火で炒め、色が変わったらもやしを加えて炒める。

3 もやしがしんなりしてきたら、合わせた**A**を加えて炒め合せる。

 食材チェンジ
豚こま切れ肉150g
➡ いか150g

おすすめ組み合わせおかず

ちょっとピリッとした
洋風の味わい
粒マスタードチキン
→ P41

野菜がたっぷり
満足おかず
**ささみと
キャベツの春巻き**
→ P46

みその風味が
じんわりおいしい
豚みそ角煮
→ P58

おしゃれ

しょうがが香るさっぱり仕上げ
もやしと豆苗のしょうがあえ

材料 (5〜6人分)

もやし……………2袋(400g)
豆苗…………………………1袋
Ⓐ おろししょうが、塩
　│　………………各小さじ1
　│ ごま油…………大さじ2

作り方 (⏱10分)

1 豆苗は長さを半分に切る。

2 鍋に湯を沸かし、もやしを入れて30秒経ったら、**1**の豆苗を加えて、さらに1分ほどゆで、ザルにあげる。

3 **2**の水けをしっかりきり、熱いうちに Ⓐ を加えてあえる。

 味チェンジ
おろししょうが小さじ1
→ 白すりごま小さじ1で風味を

冷蔵	冷凍	塩味
3日	×	

長持ち

レンジで手軽に作れるさっぱり箸休め
もやしの酢のもの

材料 (5〜6人分)

もやし……………2袋(400g)
かに風味かまぼこ………6本
Ⓐ 酢………………大さじ3
　│ しょうゆ………大さじ1
　│ 砂糖……………小さじ2

作り方 (⏱10分)

1 耐熱容器にもやしを入れてふんわりとラップをして、電子レンジ(600W)で3分加熱し、一度取り出して全体を混ぜ、さらに2分加熱する。ザルにあげてしっかりと水けをきる。

2 ボウルに Ⓐ を混ぜ合わせて、**1**とほぐしたかに風味かまぼこを加えてあえる。

 味チェンジ
砂糖小さじ2
→ 砂糖小さじ1、練り辛子小さじ1
でピリッと

冷蔵	冷凍	さっぱり
4日	×	

147

れんこん

丸々として重量感のあるものを選びましょう。
切ってすぐに酢水にさらすと変色が防げます。冷凍すると食感が変わりますが食べられます。

ラクラク

加熱でしみ込みが早い！スピード酢漬け
はちみつ酢ばす

<u>材料</u>（5～6人分）

れんこん…………1節（200g）
Ⓐ 酢………………100mℓ
　はちみつ………大さじ3
　塩………………少々
　赤唐辛子（小口切り）…1本分

<u>作り方</u>（⏱5分）

1 れんこんは半月切りにして酢水
（分量外）にさらし、水けをふく。

2 耐熱容器にⒶを合わせ、1を入
れて、ふんわりとラップをかけて
電子レンジ（600W）で3分加熱
し、そのまま冷ます。

冷蔵	冷凍
3日	1か月

さっぱり

 食材チェンジ

れんこん1節
➡ 大根1/4本

ボリューム

モチモチ&シャッキシャキの食感がたのしい
れんこんボール

<u>材料</u>（5～6人分）

れんこん…………1節（200g）
鶏ひき肉………………150g
Ⓐ みそ……………大さじ2
　砂糖…………大さじ1/2
　酒………………大さじ1
　おろししょうが…小さじ1
揚げ油…………………適量

<u>作り方</u>（⏱15分）

1 れんこんは半分をすりおろし、半
分はみじん切りにする。

2 ボウルに1と鶏ひき肉、Ⓐを入
れてよく混ぜ合わせ、ひと口大に
丸める。

3 170℃の揚げ油に2を入れて、カ
ラッとするまで3～4分揚げる。

冷蔵	冷凍
3日	1か月

みそ味

 アレンジ

みたらしあんをからめれば、食べ
ごたえのあるおやつに。

彩りのいい
メインおかず
**鶏もも肉と
ブロッコリーのソテー**
→P40

みその甘味が
れんこんにもよく合う
豚バラ大根
→P58

食欲促進の
カレー味
**めかじきの
カレーソテー**
→P82

おしゃれ

シャキシャキ食感に明太マヨがマッチ

れんこんと枝豆の明太マヨ

材料（5〜6人分）

れんこん	1節（200g）
枝豆（冷凍）	15さや
辛子明太子	1/2腹
Ⓐ 酢	小さじ2
砂糖	小さじ1
塩	少々
マヨネーズ	大さじ2

作り方（⏱10分）

1. れんこんは薄い半月切りにする。枝豆は解凍してさやから出す。

2. 1のれんこんを熱湯でさっとゆでて、合わせたⒶをまぶす。

3. 辛子明太子は焼いて細かくほぐしてボウルに入れ、マヨネーズを混ぜて、1の枝豆、2を混ぜ合わせる。

🥦🥕 **食材チェンジ**
枝豆15さや
→ ミックスビーンズ30g

冷蔵	冷凍
2日	×

こっくり

長持ち

桜えびがうまみも華やかさもプラス

れんこんと桜えびのきんぴら

材料（5〜6人分）

れんこん	大1節（300g）
桜えび（乾燥）	15g
赤唐辛子（小口切り）	1本分
Ⓐ 酒、みりん	各大さじ2
塩	小さじ1/2
ごま油	小さじ2

作り方（⏱10分）

1. れんこんは薄いいちょう切りにして水にさらし、水けをきる。

2. フライパンにごま油を熱して、1、赤唐辛子を入れて中火で炒め、全体に油が回ったら桜えび、Ⓐを加え、汁けがなくなるまでさらに炒める。

🍚🥄 **味チェンジ**
塩小さじ1/2
→ しょうゆ大さじ1で香ばしく

冷蔵	冷凍
4日	**1**か月

ピリ辛

149

○ サブおかず

長ねぎ

緑と白のコントラストがはっきりとしていて、白い部分に弾力があるものが良品。
水分が多いので、よく火を通して濃いめに味をつけると日持ちがしやすくなります。

ラクラク

焼きねぎがとろっと甘い
長ねぎの甘辛焼き

材料 (5〜6人分)

長ねぎ‥‥‥‥‥‥‥**4本 (400g)**
🅐 しょうゆ‥‥‥‥‥大さじ4
└ みりん‥‥‥‥‥‥大さじ2
サラダ油‥‥‥‥‥‥‥大さじ1

作り方 (⏰5分)

1 長ねぎは4cm長さのぶつ切りにする。

2 フライパンにサラダ油を熱し、**1**をこんがりと焼き色がつくまで中火で焼き、合わせた🅐を加えてからめる。

 味チェンジ

🅐 ➡ オイスターソース大さじ4、酒大さじ2で中華風に

冷蔵	冷凍	
3日	**1**か月	甘辛

ボリューム

韓国風甘辛だれがしっかりからんで
ダッカルビ

材料 (5〜6人分)

長ねぎ‥‥‥‥‥‥**2本 (200g)**
鶏もも肉‥‥‥‥‥‥‥‥‥1枚
塩、こしょう‥‥‥‥‥各少々
🅐 コチュジャン、みそ、
└ みりん‥‥‥各大さじ1
└ 酒‥‥‥‥‥‥‥小さじ2
ごま油‥‥‥‥‥‥‥‥大さじ1

作り方 (⏰15分)

1 長ねぎは4cm長さに切る。鶏もも肉はひと口大に切り、塩、こしょうをふる。

2 フライパンにごま油を熱し、**1**の鶏肉を中火で焼く。

3 鶏肉の両面にこんがりと焼き色がついたら、**1**の長ねぎを加えて炒め、全体に火が通ったら🅐を加えて炒め合わせる。

🥬🥕 食材チェンジ

鶏もも肉1枚
➡ 牛カルビ肉200g

冷蔵	冷凍	
3日	**1**か月	ピリ辛

コクのある
ごましょうゆ味
**牛しゃぶと野菜の
ごまあえ**
→ P66

さっぱりとした
メインおかず
**ぶりの
しょうが酢漬け**
→ P76

セロリが
上品に香る
**いかとセロリの
ピリ辛炒め**
→ P86

甘いねぎをパクチーとナンプラーでエスニックテイストに

焼きねぎのタイ風サラダ

材料（5〜6人分）

長ねぎ	4本(400g)
鶏ささみ	4本
パクチー	1束
塩、酒	各少々
A レモン汁	大さじ3
ナンプラー	大さじ2
砂糖	小さじ2
サラダ油	適量

作り方（⏲15分）

1. 長ねぎは4cm長さのぶつ切りにし、サラダ油をまぶしてオーブントースターでこんがりと焼く。パクチーはざく切りにする。
2. 鶏ささみはすじを取り除き、耐熱容器にのせて塩、酒をふり、電子レンジ(600W)で4〜5分加熱し、粗熱をとって手で裂く。
3. ボウルにAを混ぜ合わせ、1、2を加え、よく混ぜる。

食材チェンジ
鶏ささみ4本
→ むきえび240g

冷蔵 3日 ／ 冷凍 ✕ ／ さっぱり

おしゃれ

練り辛子をピリッと効かせて

長ねぎとわかめの酢みそあえ

材料（5〜6人分）

長ねぎ	4本(400g)
わかめ（乾燥）	10g
A みそ	大さじ6
砂糖、酢	各大さじ2
練り辛子	小さじ2
ごま油	小さじ2

作り方（⏲10分）

1. 長ねぎは1cm幅の斜め切り、わかめは水でもどして水けをきる。
2. フライパンにごま油を中火で熱し、1を入れ、長ねぎがしんなりするまで炒める。
3. ボウルにAを合わせ、2を加えてあえる。

食材チェンジ
長ねぎ4本
→ 大根1/3本

冷蔵 4日 ／ 冷凍 1か月 ／ みそ味

長持ち

151

大根

ハリとツヤがあり、ひげ根が少ないものを選んで。
上半分は甘くやわらかいので生食に、下半分は煮ものや炒めものに使いましょう。

ラクラク

冷蔵	冷凍
4日	×

しょうゆ味

コリッと味わい深いザーサイがアクセント
大根のザーサイしょうゆ漬け

材料 (5〜6人分)

大根···············1/3本(300g)
ザーサイ ·····················30g
塩······························少々
Ⓐ しょうゆ···········大さじ1
　砂糖············小さじ1/2
　塩·······················少々

作り方 (🕙10分＋漬け時間1時間)

1. 大根は薄いいちょう切りにして塩をふり、5分ほどおき、水けを絞る。ザーサイは細切りにする。

2. 保存袋に**1**と**Ⓐ**を入れて、よくもみ込み、冷蔵庫で味をなじませる(1時間)。

 味チェンジ

ザーサイ30g
➡ 豆板醤小さじ2でピリ辛漬けに

ボリューム

冷蔵	冷凍
3日	1か月

スパイシー

ベーコンのコクで大根がもりもり食べられる
大根とベーコンのペッパー炒め

材料 (5〜6人分)

大根···············1/3本(300g)
ベーコン ·····················4枚
塩······················小さじ1/4
粗びき黒こしょう·······少々
サラダ油···············小さじ2

作り方 (🕙15分)

1. 大根は細切り、ベーコンは短冊切りにする。

2. フライパンにサラダ油を熱して、**1**の大根を中火で炒める。大根が透き通ってきたら、ベーコンを加えてさっと炒め、塩、粗びき黒こしょうで味を調える。

 食材チェンジ

大根1/3本
➡ じゃがいも2個

がっつり食べたい
肉おかず
豚丼風焼き豚
➡ P55

しっかりした味で
合わせやすい
**合いびき肉の
やわらか角煮風**
➡ P63

和風おかずで
ヘルシー
**鮭の
しっとり塩焼き**
➡ P73

華やかおかずで、お弁当を彩りよく

大根のレモンロールマリネ

材料（5〜6人分）

大根‥‥‥‥‥縦1/4本（220g）
にんじん‥‥‥‥‥‥縦1/2本
ズッキーニ‥‥‥‥‥‥1/2本
Ⓐ 白ワインビネガー、オリー
　ブ油‥‥‥‥‥各大さじ4
　レモン汁、砂糖
　‥‥‥‥‥‥‥各大さじ2
　塩‥‥‥‥‥‥小さじ1/3
　こしょう‥‥‥‥‥‥少々

作り方（⏱20分＋漬け時間1時間）

1 大根、にんじん、ズッキーニはピー
ラーで少し厚めのリボン状に切る。

2 1を1枚ずつ重ねて端から巻い
て、巻き終わりをつま楊枝でとめ
る。同様に残りも作る。

3 保存容器に 2 を並べて、合わせ
た Ⓐ をかける。冷蔵庫で味をな
じませる（1時間）。

冷蔵	冷凍	さっぱり
3日	×	

おしゃれ

 **食材チェンジ**
ズッキーニ1/2本
➡ きゅうり1本

箸休めにぴったりのさっぱり漬けもの

はちみつゆず大根

材料（5〜6人分）

大根‥‥‥‥‥‥1/4本（220g）
ゆずの皮‥‥‥‥‥‥1/4個分
昆布‥‥‥‥‥‥5cm角1枚
塩‥‥‥‥‥‥‥‥‥‥少々
Ⓐ 酢‥‥‥‥‥‥‥大さじ3
　はちみつ‥‥‥‥大さじ1
　塩‥‥‥‥‥‥小さじ1/2

作り方（⏱15分＋漬け時間30分）

1 大根は拍子木切りにし、塩をふっ
てしばらくおき、水けを絞る。

2 ゆずの皮はせん切りにする。

3 保存容器に Ⓐ、昆布を入れ、1、
2 を加えて冷蔵庫で味をなじま
せる（30分）。漬かったら昆布を
取り出して刻み、大根とあえる。

冷蔵	冷凍	甘酸っぱい
5日	×	

長持ち

 アレンジ
焼き鳥とともにコッペパンにはさみ、
ベトナム料理のバインミー風に。

作りおきカップデザート

カップのデザートならお弁当のすきまに入れるのにぴったり。もちろん普段のおやつにもおすすめです。

冷蔵	冷凍
4日	1か月

クッキーを混ぜてクランブル風に
シナモンアップル

<u>材料</u> (5〜6人分)

りんご	1個
クッキー	2枚 (15g)
バター	20g
砂糖	小さじ2
レモン汁	少々
シナモンパウダー	適量

<u>作り方</u> (⏱20分)

1 りんごは皮をむいて、ひと口大に切る。

2 フライパンにバターを溶かして1をさっと炒め、砂糖、レモン汁を加えて汁けがなくなるまで加熱し、シナモンパウダーを加えて混ぜる。

3 2が冷めたら、粗く砕いたクッキーを加えて混ぜる。

冷蔵	冷凍
2日	1か月

甘さ控えめの野菜スイーツ
スイートパンプキン

<u>材料</u> (5〜6人分)

かぼちゃ	1/4個 (300g)
A 砂糖、生クリーム	各大さじ2
バター	10g
卵黄	適量
ミックスナッツ	20g

<u>作り方</u> (⏱20分)

1 かぼちゃは皮をむいて、ひと口大に切る。耐熱容器に並べて、ラップをかけて電子レンジ (600W) で6〜8分加熱してやわらかくする。ミックスナッツは粗く砕く。

2 かぼちゃが熱いうちにマッシャーでつぶし、Aを加えてよく混ぜ合わせる。

3 アルミカップ6個に2を等分に入れ、表面に卵黄をぬってナッツを散らし、オーブントースターで3分ほど焼く。

こっくり甘〜い大人のおやつ

パイナップルの白ワイン煮

材料 (5〜6人分)

ドライパイナップル
　　　………………100g
Ⓐ 白ワイン………100㎖
　水………………50㎖
　シナモンスティック
　　　………………1本

作り方 (⏱10分)

1 鍋にⒶを入れて中火にかけ、煮立ったらドライパイナップルを加えて、8分ほど煮る。

冷蔵	冷凍
7日	1か月

缶詰なら手軽に果物たっぷり

フルーツ杏仁

材料 (5〜6人分)

ミックスフルーツ(缶詰)
　　………1缶(100g)
Ⓐ 水…………150㎖
　粉寒天…………2g
砂糖…………大さじ3
Ⓑ 牛乳………100㎖
　生クリーム…50㎖
　バニラエッセンス
　　…………………少々

作り方 (⏱20分+固め時間1時間)

1 ミックスフルーツは缶汁をきって、粗みじん切りにする。

2 鍋にⒶを入れて強火にかけ、混ぜながらひと煮立ちさせる。砂糖を加えて溶かし、火を止めて粗熱がとれたら、Ⓑを加えて混ぜる。

3 シリコンカップ6個に**2**を等分に注ぎ、**1**を散らして、冷蔵庫で冷やし固める(1時間)。

冷蔵	冷凍
2日	✕

さわやかな甘酸っぱさ

はちみつレモン寒天

材料 (5〜6人分)

レモン…………1/2個
Ⓐ 水…………250㎖
　はちみつ…大さじ2
　粉寒天………2.5g

作り方 (⏱20分+固め時間1時間)

1 レモンはよく洗って、輪切りを1枚切って、6等分のいちょう切りにする。残りは果汁を絞る。

2 鍋にⒶを入れて中火にかけ、ひと煮立ちしたら火を止めて**1**を加えて混ぜ、粗熱を取る。

3 シリコンカップ6個に**2**を等分に注ぎ、冷蔵庫で冷やし固める(1時間)。

冷蔵	冷凍
3日	✕

ごぼう

太さが均一で、ひげ根が少ないものを選んで。
濃いめの味と相性がよいので、作りおきにぴったり。切ったら水にさらしてアク抜きを。

ラクラク

冷蔵 **3**日 ｜ 冷凍 **1**か月　　こっくり

ごまをたっぷりからめて、香ばしさ満点

ごぼうの黒ごまあえ

材料（5〜6人分）

ごぼう ……………… 1本（200g）
Ⓐ 黒すりごま ……… 大さじ4
　 砂糖 ……… 大さじ1と1/2
　 しょうゆ ………… 大さじ1
　 みりん ………… 大さじ1

作り方（⏱10分）

1. ごぼうは細切りにし、熱湯でさっとゆでてザルにあげて水けをしっかりとふく。

2. ボウルにⒶを混ぜ合わせて**1**を加え、よく混ぜ合わせる。

 味チェンジ

しょうゆ大さじ1
➡ みそ大さじ1でこっくり味に

ボリューム

冷蔵 **3**日 ｜ 冷凍 **1**か月　　甘辛

ごぼうの風味に豚肉のコクがマッチする

ごぼうと豚肉のさっと煮

材料（5〜6人分）

ごぼう ……………… 1本（200g）
豚バラ薄切り肉 ……… 100g
Ⓐ だし汁 …………… 300g
　 みりん、しょうゆ
　 ………… 各大さじ4
　 砂糖 …………… 大さじ2
七味唐辛子 ………… 適量
サラダ油 ………… 大さじ1

作り方（⏱15分）

1. ごぼうはささがきにし、水にさらして水けをきる。豚バラ薄切り肉はひと口大に切る。

2. フライパンにサラダ油を熱し、**1**を中火で炒める。

3. ごぼうがしんなりとしてきたら、Ⓐを加え、アクを取りながら5分ほど煮る。七味唐辛子をふる。

 食材チェンジ

豚バラ薄切り肉100g
➡ ベーコン70g

食欲をそそる
カレー味
**カレー風味の
トンテキ**
→ P56

甘くしっとり
煮つけた
**牛肉の
すき煮風**
→ P64

和風なお弁当に
したいときは
**ぶりの
照り焼き**
→ P76

ごぼうの食感もたのしい、華やかサラダ

ごぼうとパスタのデリサラダ

材料 (5〜6人分)

ごぼう……………1本(200g)
パプリカ (赤)…………1/3個
さやいんげん……………5本
マカロニ(フジッリ)………70g
塩、こしょう…………各適量
マヨネーズ…………大さじ3
オリーブ油………大さじ1/2

作り方 (⏱25分)

1. ごぼうは薄い斜め切りにし、水にさらして水けをきる。パプリカはヘタと種を除いて細切り、さやいんげんは斜め切りにする。

2. フライパンにオリーブ油を熱し、**1**を中火で炒め、全体に火が通ったら、塩、こしょう各少々をふる。

3. マカロニは表示通りにゆで、冷水でしめて水けをふく。

4. ボウルに**2**と**3**を入れて、マヨネーズ、塩、こしょう各少々を加えてあえる。

 食材チェンジ

ごぼう1本
→ れんこん1節

冷蔵	冷凍
3日	×

さっぱり

おしゃれ

ピリッと辛くて、クセになる味わい

ごぼうの韓国風煮

材料 (5〜6人分)

ごぼう……………1本(200g)
Ⓐ 水………………100㎖
　 酒………………大さじ2
　 しょうゆ、コチュジャン
　 ……………各大さじ1
　 砂糖…………大さじ1/2
　 おろしにんにく
　 ……………小さじ1/2
ごま油……………大さじ1

作り方 (⏱10分)

1. ごぼうは厚めの斜め切りにして水にさらして水けをふく。

2. 鍋にごま油を熱し、**1**を中火で炒める。全体に油が回ったら、合わせたⒶを加えて、汁けが少なくなるまで煮る。

 食材チェンジ

ごぼう1本
→ 大根1/4本

冷蔵	冷凍
4日	1か月

ピリ辛

長持ち

157

● サブおかず（ごぼう）

ラクラク

さっぱり

ごぼうとごまの豊かな香りが口の中に広がる
たたきごぼう

材料（5〜6人分）
ごぼう ……………… 1本（200g）
Ⓐ 白すりごま ……… 大さじ3
　砂糖、酢、しょうゆ
　　………………… 各大さじ1

作り方（⏱10分）
1. ごぼうは皮を4cm長さに切り、熱湯で20分ほどゆでてザルにあげ、熱いうちにたたく。
2. 1が温かいうちに、合わせたⒶであえる。

🦐🐙 アレンジ
マヨネーズを加えてあえ、サラダ菜を添え、一味唐辛子をふるとサラダ風に。

ボリューム

しょうゆ味

コロコロとして、おつまみにもぴったり
ごぼうと豚肉のじっくり煮

材料（5〜6人分）
ごぼう ……………… 1本（200g）
豚バラかたまり肉 ……… 100g
Ⓐ 水 ………………… 200ml
　しょうゆ、酒、みりん
　　………………… 各大さじ1
　砂糖 ……………… 小さじ2
サラダ油 ………… 大さじ1/2

作り方（⏱30分）
1. ごぼうは1cm長さに切り、水にさらして水けをふく。
2. 豚バラかたまり肉は熱湯でさっとゆでて脂抜きをし、ごぼうと同じくらいの角切りにする。
3. 鍋にサラダ油を熱し、2を中火でこんがりと焼き、表面に焼き色がついたら、余分な脂をふき、1とⒶを加えて弱火で豚肉がやわらかくなるまで煮る。

［調理のコツ］

脂が多いとお弁当には向かないので、豚バラ肉は脂抜きする。

揚げることでごぼうの甘味がアップ

揚げごぼうのスイートサラダ

材料 (5〜6人分)

ごぼう ……………2本(400g)
紫玉ねぎ ………………1個
セロリ …………………1本
Ⓐ しょうゆ、オリーブ油
　　……………各大さじ4
　┃ 砂糖 …………小さじ2
揚げ油………………適量

作り方 (🕐25分)

1 ごぼうはささがきにして、170℃の揚げ油でこんがりと揚げる。紫玉ねぎは薄切り、セロリは斜め薄切りにする。

2 ボウルにⒶを合わせ、1を加えてあえる。

🥦🧄🥕 食材チェンジ
紫玉ねぎ1個
➡ にんじん1/2本

冷蔵	冷凍	甘辛
3日	1か月	

おしゃれ

みそ＋みりんのこっくり味で漬け込んで

ごぼうとにんじんのみそ漬け

材料 (5〜6人分)

ごぼう ……………1本(200g)
にんじん ……………1/2本
Ⓐ みそ ……………大さじ4
　┃ みりん …………大さじ2

作り方 (🕐15分＋漬け時間1日)

1 ごぼう、にんじんは5cm長さの拍子木切りにし、熱湯でさっとゆでてザルにあげ、冷ます。

2 水けをふいた1、Ⓐを合わせて混ぜ、保存容器に入れて冷蔵庫で味をなじませる(1日)。

🥦🧄🥕 食材チェンジ
ごぼう1本
➡ 大根1/4本

冷蔵	冷凍	みそ味
5日	✕	

長持ち

なす

ガクのとげが尖っていて、黒光りして光沢のあるものが良品です。
変色しやすいので、切ったらすぐに水にさらしてアク抜きをしましょう。

ラクラク

ツ〜ンと効いた辛子の風味がやみつきに
なすの辛子あえ

材料（5〜6人分）

なす	3本(210g)
水	60ml
塩	小さじ1/2
Ⓐ しょうゆ	大さじ1と1/2
練り辛子	小さじ2/3
砂糖	ひとつまみ

作り方（⏱10分）

1. なすは縦半分に切って斜め薄切りにする。

2. ボウルに分量の水、塩、**1**を入れて、しばらくおいて水けをよく絞り、Ⓐであえる。

 味チェンジ

Ⓐ ➡ みそ大さじ1と1/2、砂糖、酢各大さじ1/2でさっぱり味に

冷蔵	冷凍
3日	×

ピリ辛

ボリューム

肉のうまみが、なすにジュワ〜ッとしみて
なすのはさみ照り焼き

材料（5〜6人分）

なす	大2本(200g)
合いびき肉	200g
塩	少々
小麦粉	大さじ2
Ⓐ 長ねぎ（みじん切り）	10cm分
塩、こしょう	各少々
酒	小さじ2
Ⓑ しょうゆ、酒、みりん	各大さじ2
サラダ油	大さじ1と1/2

作り方（⏱20分）

1. なすは1本を10等分の輪切りにし、塩を薄くふってしばらくおき、水けをふく。

2. ボウルに合いびき肉、Ⓐを入れて粘りが出るまでよく混ぜ、10等分にする。

3. **1**と小麦粉をポリ袋に入れてよくふって小麦粉を全体にまぶし、なす2枚の間に**2**をはさむ。

4. フライパンにサラダ油を熱し、**3**を中火で焼き、焼き色がついたら裏返す。ふたをして弱火にし、火が通るまで焼き、合わせたⒷを加えて強火で煮からめる。

🥕 食材チェンジ

なす大2本
➡ れんこん1節

冷蔵	冷凍
3日	**1**か月

甘辛

詰めやすく
食べごたえ◎
鶏ひき肉の
さつまあげ風
→P45

がっつり
食べたいときに
豚肉の
塩から揚げ
→P51

甘辛味が
なすに合う
さんまの
かば焼き
→P80

市販のドレッシングで手軽なマリネ

焼きなすのイタリアンマリネ

材料（5〜6人分）

なす	3本(210g)
プチトマト	10個
バジル	3〜5枚
にんにく（みじん切り）	1片分
塩	少々
イタリアンドレッシング（市販）	大さじ4
オリーブ油	大さじ3

作り方（⏱15分＋漬け時間1時間）

1 なすは1cm幅の輪切りにして、塩をふってしばらくおき、水けをふく。

2 フライパンにオリーブ油、にんにくを入れて弱火にかけ、香りが立ったら**1**を並べて両面に焼き色をつける。

3 ボウルに**2**、ヘタを取ったプチトマト、イタリアンドレッシング、ちぎったバジルを入れてあえ、冷蔵庫で味をなじませる（1時間）。

🔴🐙 **アレンジ**

刻んでお弁当カップに入れ、溶き卵、牛乳、チーズを混ぜた液を注いでトースターでこんがりと焼いてキッシュに。

おしゃれ

冷蔵	冷凍	
4日	×	酸っぱい

なすと甘みそは、やっぱり鉄板のコンビ

なすみそ炒め

材料（5〜6人分）

なす	3本(210g)
しょうが	1片
酒	大さじ2
Ⓐ みそ	大さじ2と1/2
┃ みりん	大さじ2
┃ 砂糖	大さじ1
白いりごま	少々
ごま油	大さじ2

作り方（⏱15分）

1 なすは乱切りにする。しょうがはみじん切りにする。

2 フライパンにごま油を熱し、**1**を中火で炒め、油が回ったら酒を加えてふたをして、しんなりするまで弱火で蒸し焼きにする。

3 ふたをはずし、合わせたⒶを加えて強火で照りよくからめ、白いりごまをふる。

 食材チェンジ

なす3本
→ズッキーニ2本

長持ち

冷蔵	冷凍	
4日	1か月	みそ味

161

● サブおかず

きのこ

いずれのきのこも、色がきれいで、しなびていないものを選びましょう。
水分の少ないきのこは作りおきにも、冷凍にも向いている食材です。

ラクラク

冷蔵	冷凍
3日	**1**か月

しょうゆ味

さっと加熱して食感を残して
えのきと水菜のごまおひたし

材料（5〜6人分）

えのきだけ····2パック（200g）
水菜··················4〜5株
Ⓐ めんつゆ（3倍濃縮）、白すり
　　ごま···········各大さじ4

作り方（⏱10分）

1 えのきだけは長さを半分に切って
ほぐす。水菜は4cm幅に切る。

2 **1**をそれぞれ熱湯でさっとゆで、
水にさらして水けをよく絞る。

3 **2**をⒶであえる。

 味チェンジ

白すりごま大さじ4
➡ 粉山椒小さじ1でピリッと

ボリューム

冷蔵	冷凍
3日	**1**か月

スパイシー

エリンギの食感が引き立つ！
エリンギの豚巻き

材料（5〜6人分）

エリンギ········大3本（200g）
豚バラ薄切り肉·········12枚
塩、小麦粉··············各適量
Ⓐ カレー粉·······小さじ1/2
　 しょうゆ、みりん
　　　·······各大さじ1と1/2
　 粗びき黒こしょう····適量
サラダ油··············小さじ1

作り方（⏱10分）

1 エリンギは縦4等分に切る。豚バ
ラ薄切り肉は広げて塩をふり、小
麦粉を全体に薄くふる。

2 豚肉にエリンギをのせて、少しず
つずらしながら巻き、12個作る。

3 フライパンにサラダ油を中火で熱
し、**2**の巻き終わりを下にして入
れて、転がしながら火が通るまで
焼く。

4 合わせたⒶを加えて照りよくか
らめる。

味チェンジ

カレー粉小さじ1/2
➡ トマトケチャップ小さじ1で子ど
もウケ◎

チーズのコクが
たまらない
ささみチーズボール
➡ P46

サクッと食感で
変化を
ひと口焼きカツ
➡ P56

彩りのよさが
ピカイチ
のっけてパエリア
➡ P91

クリーミーでスタイリッシュなきのこのおかず

マッシュルームのクリームソテー

材料 (5～6人分)

マッシュルーム	**16個 (200g)**
じゃがいも	1個
黒オリーブ	5個
小麦粉	適量
牛乳	100㎖
塩	小さじ1/2
こしょう	少々
パセリ (みじん切り)	適量
バター	10g

 食材チェンジ

マッシュルーム16個
➡ しめじ2パック

作り方 (⏱15分)

1. マッシュルームは半分に切り、黒オリーブは輪切りにする。じゃがいもは1.5cm角に切り、ラップに包み、電子レンジ (600W) で2分加熱する。

2. マッシュルームに小麦粉をまぶし、バターを中火で熱したフライパンで焼き、残りの**1**を加えて炒め合わせる。

3. 牛乳を加えて、混ぜながらとろみがつくまで加熱し、塩、こしょうで調味し、パセリをふる。

冷蔵	冷凍
3日	**1**か月

こっくり

おしゃれ

使い勝手ばつぐん！きのこの常備菜

甘辛きのこの山椒風味

材料 (5～6人分)

しめじ	**2パック (200g)**
しいたけ	**12個 (200g)**
A しょうゆ	大さじ3
みりん	大さじ1と1/2
粉山椒	小さじ1/2

 味チェンジ

粉山椒小さじ1/2
➡ 七味唐辛子小さじ1で辛さ変更

作り方 (⏱10分)

1. しめじはほぐし、しいたけは薄切りにする。

2. **1**を耐熱容器に入れ、**A**を加えて混ぜて、ラップをかけて電子レンジ (600W) で2分加熱する。

3. 再度混ぜて、ラップをせずに3分加熱する。

冷蔵	冷凍
4日	**1**か月

甘辛

長持ち

163

大豆製品

豆類は比較的日持ちしますが、豆腐や厚揚げは、早めに食べきりましょう。
冷凍した豆腐は解凍するとスカスカになるので、冷凍には不向きです。

ラクラク

うまみ食材の塩昆布が味のまとめ役

大豆の塩昆布マヨサラダ

材料（5〜6人分）

大豆（水煮）………………………	**160g**
きゅうり………………………	1/2本
Ⓐ マヨネーズ………	大さじ4
塩昆布…………………	15g
白いりごま………	小さじ2

作り方（🕙5分）

1. きゅうりは1cm厚さのいちょう切りにする。

2. Ⓐを混ぜ合わせて、水けをきった大豆、1を混ぜ合わせる。

 食材チェンジ

大豆（水煮）160g
➡ キャベツ3枚

冷蔵	冷凍	
2日	✕	こっくり

ボリューム

ベーコンのうまみと厚揚げがベストマッチ

厚揚げのベーコン巻き

材料（5〜6人分）

厚揚げ……………………	1枚
ベーコン…………………	6枚
青じそ……………………	6枚
塩、こしょう…………	各少々
ごま油……………………	小さじ1

作り方（🕙10分）

1. 厚揚げは6等分に切る。

2. 1の厚揚げに青じそとベーコンを巻き、つま楊枝で巻き終わりをとめる。

3. フライパンにごま油を熱し、2の両面をこんがりと焼いて、塩、こしょうをふる。

 食材チェンジ

厚揚げ1枚
➡ はんぺん1枚

冷蔵	冷凍	
3日	✕	塩味

野菜で巻いて
見栄えよく
青菜シューマイ
→ P62

甘くてちょい辛
**たらのソテー
スイート
チリソース**
→ P78

合わせやすい
彩りおかず
**あさりとにらの
卵焼き**
→ P90

紫玉ねぎでデリっぽさを格上げ
ミックスビーンズの粒マスタードマリネ

材料 (5〜6人分)

ミックスビーンズ(缶詰)
……………………**160g**
紫玉ねぎ……………1/6個
玉ねぎ………………1/6個
Ⓐ オリーブ油………大さじ2
　粒マスタード
　　　　……大さじ1と1/2
　はちみつ、レモン汁
　　　………各大さじ1/2
　塩、こしょう……各少々

作り方 (⏱10分)

1　紫玉ねぎ、玉ねぎは1cm角に切り、水にさらして水けをよくふく。

2　ボウルにⒶを混ぜ合わせ、ミックスビーンズ、1を加えてあえる。

🍳 味チェンジ
粒マスタード大さじ1と1/2
→ 好みのハーブ適量で風味変更

冷蔵	冷凍
3日	×

甘酸っぱい

おしゃれ

甘辛だれで文句なしのおいしさ
豆腐としししとうの照り焼き

材料 (5〜6人分)

木綿豆腐…………1丁(300g)
ししとう…………………6本
塩………………………適量
小麦粉…………………適量
Ⓐ しょうゆ、みりん、酒
　│　…………………各大さじ1
七味唐辛子………………少々
サラダ油……………大さじ2

作り方 (⏱20分)

1　木綿豆腐は厚さを半分に切り、1枚ずつペーパータオルに包み、軽い重しをしてよく水きりする。

2　1の豆腐は1枚を6等分に切って、水けをふいて塩少々をふり、小麦粉をまぶす。ししとうは包丁で切り込みを入れる。

3　フライパンにサラダ油を熱し、2のししとうを中火で炒めて塩少々をふり、取り出す。次に豆腐を並べ入れ、焼き色がつくまで焼く。Ⓐを加え、ししとうを戻し、さっと炒め合わせ、七味唐辛子をふる。

食材チェンジ
ししとう6本
→ 長ねぎ1/2本

冷蔵	冷凍
4日	×

甘辛

長持ち

● サブおかず

切り干し大根

乾燥したものは常温保存できますが、冷凍しておくと色が変わりにくく、さらに長持ちします。凝縮されたうまみと、シャキシャキ感がたのしめます。

ラクラク

冷蔵	冷凍
4日	**1**か月

さっぱり

切り干しの食感と辛酸っぱい味わいが絶妙

切り干し大根の梅辛子ポン酢

材料 (5〜6人分)

切り干し大根(乾燥)‥‥‥‥50g
かに風味かまぼこ‥‥‥‥‥4本
青じそ‥‥‥‥‥‥‥‥‥‥4枚
梅干し‥‥‥‥‥‥‥‥‥‥2個
Ⓐ ポン酢しょうゆ‥大さじ2
 ┃ 水‥‥‥‥‥‥‥‥大さじ1
 ┗ 練り辛子‥‥‥‥小さじ1

作り方 (🍳5分)

1 切り干し大根はさっと洗って水でもどして、水けを絞ってざく切りにする。

2 かに風味かまぼこは手で裂く。青じそは手でちぎる。梅干しは種を除いて粗くたたく。

3 ボウルにⒶを合わせ、**1**、**2**を加えてあえる。

 食材チェンジ

青じそ4枚
➡ 小ねぎ2本

ボリューム

冷蔵	冷凍
4日	**1**か月

甘辛

牛肉と合わせて食べごたえアップ

切り干し大根と牛肉のごま炒め

材料 (5〜6人分)

切り干し大根(乾燥)‥‥‥‥40g
牛こま切れ肉‥‥‥‥‥‥‥100g
にら‥‥‥‥‥‥‥‥‥‥1/4束
だし汁‥‥‥‥‥‥‥‥‥‥50㎖
Ⓐ 酒、白すりごま
 ┃ ‥‥‥‥‥‥‥各大さじ1
 ┃ みりん、しょうゆ
 ┗ ‥‥‥‥各大さじ1と1/2
ごま油‥‥‥‥‥‥‥‥大さじ1

作り方 (🍳10分)

1 切り干し大根はさっと洗って水でもどして、水けを絞ってざく切りにする。

2 にらはざく切りにする。

3 フライパンにごま油を熱し、牛こま切れ肉を中火で炒め、**1**とだし汁を加えてさらに炒める。

4 **2**、合わせたⒶを加えて炒め合わせる。

🥦🥕 食材チェンジ

切り干し大根(乾燥)40g
➡ もやし1袋

濃いめの
しっかり味
**鶏肉のピリ辛
照り焼き**
→P41

にんにくが効いた
**めかじきの
ガーリック
ステーキ**
→P83

和風の
ミックス弁当に
**さばの
レモン風味焼き**
→P84

シャキシャキとしたアイデアナポリタン
切り干しナポリタン

材料（5〜6人分）

切り干し大根（乾燥）………	50g
ウインナーソーセージ……	3本
玉ねぎ………………………	小1個
ピーマン……………………	1個

Ⓐ トマトケチャップ
　　………………………大さじ3
　めんつゆ（ストレート）
　　………………………大さじ1/2
塩、こしょう…………各少々
サラダ油……………大さじ1

作り方（⏱15分）

1. 切り干し大根はさっと洗って水でもどして、水けを絞ってざく切りにする。ウインナーソーセージは斜め薄切り、玉ねぎは薄切り、ピーマンはヘタと種を除いて薄い輪切りにする。

2. フライパンにサラダ油を熱し、**1**を中火で炒め、油が回ったらⒶを加えて炒め、塩、こしょうで味を調える。

 **食材チェンジ**
切り干し大根（乾燥）50g
➡ しらたき200g

冷蔵	冷凍	
4日	**1**か月	こっくり

食べだしたら止まらなくなることうけあい！
切り干し大根のはりはり漬け

材料（5〜6人分）

切り干し大根（乾燥）………	50g
切り昆布（乾燥）……………	6g

Ⓐ 水………………………80㎖
　酢、しょうゆ、みりん
　　………………………各大さじ2
　砂糖…………………大さじ1/2
　和風だしの素（顆粒）……少々
　赤唐辛子（小口切り）…1本分

作り方（⏱10分＋漬け時間1時間）

1. 切り干し大根はさっと洗って水でもどして、水けを絞ってざく切りにする。

2. 耐熱容器にⒶを入れてラップをかけて電子レンジ（600W）で2分加熱する。

3. **2**に**1**、切り昆布を加えて漬ける（1時間）。

 **味チェンジ**
赤唐辛子（小口切り）1本分
➡ ゆずの皮少々でさわやかに

冷蔵	冷凍	
5日	**1**か月	しょうゆ味

おしゃれ

長持ち

● サブおかず

昆布・わかめ・ひじき

いずれも種類が豊富なので用途に合ったものを選びましょう。
乾物はもどすと日持ちしないので、早めに調理することが大切です。

ラクラク

ご飯のおとも、お酒のおつまみに最適

わかめのキムチ炒め

材料（5〜6人分）

わかめ（塩蔵）‥‥‥‥‥‥70g
長ねぎ‥‥‥‥‥‥‥‥2/3本
白菜キムチ‥‥‥‥‥‥160g
Ⓐ 砂糖‥‥‥‥‥‥‥小さじ1
　白いりごま、しょうゆ
　‥‥‥‥‥‥‥‥各小さじ2
ごま油‥‥‥‥‥‥‥大さじ2

作り方（⏱10分）

1 わかめは洗って、水につけて塩抜きをして、水けを絞ってざく切りにする。
2 長ねぎは粗みじん切りにする。
3 フライパンにごま油を熱し、**1**、**2**、白菜キムチを中火で炒めて、Ⓐを加えて炒め合わせる。

冷蔵 **4**日 ｜ 冷凍 **1**か月 ｜ ピリ辛

🥦🥕 食材チェンジ
長ねぎ2/3本
➡ しょうが1片

ボリューム

昆布と豚肉でうまみが倍増！

豚肉と切り昆布の煮もの

材料（5〜6人分）

切り昆布（乾燥）‥‥‥‥‥25g
豚こま切れ肉‥‥‥‥‥‥240g
さやいんげん‥‥‥‥‥‥8本
Ⓐ だし汁‥‥‥‥‥‥140mℓ
　みそ、砂糖‥‥‥各大さじ1
サラダ油‥‥‥‥‥‥大さじ1

作り方（⏱10分）

1 切り昆布は水でもどして水けをきり、ざく切りにする。
2 さやいんげんは3cm長さに切る。
3 鍋にサラダ油を熱して豚肉と**1**を中火で炒め、肉の色が変わったら**2**と合わせたⒶを加えて汁けがなくなるまで煮る。

冷蔵 **4**日 ｜ 冷凍 **1**か月 ｜ みそ味

🥦🥕 食材チェンジ
切り昆布（乾燥）25g
➡ 長ひじき（乾燥）25g

みそで
しっとりやわらか
チキンみそカツ
→P43

和風にポン酢で
さっぱりと
**あじの
ポン酢照り焼き**
→P74

海藻には
スパイス味も合う
**いかの
カレーピカタ**
→P87

ひじきとクリーミーなチーズが意外に合う

ひじきとクリームチーズのサラダ

材料 (5〜6人分)

芽ひじき(乾燥)…………**20g**
玉ねぎ………………1/4個
プチトマト……………4個
クリームチーズ…………40g
Ⓐ オリーブ油…… 大さじ2
　レモン汁……… 大さじ3
　塩…………… 小さじ1/4
　こしょう、砂糖……各少々

作り方 (🕐10分)

1 芽ひじきは洗って、水でもどし、さっと湯通ししてザルにあげて水けをきる。

2 玉ねぎは角切りにして水にさらし、水けをきる。プチトマトはヘタを取って4等分に切る。クリームチーズは1cm角に切る。

3 ボウルにⒶを合わせて、1、2をさっくりとあえる。

 食材チェンジ

プチトマト4個
➡ ゴーヤ1/4本

冷蔵	冷凍	こっくり
2日	×	

おしゃれ

おなじみの和惣菜は、ほっとなごむ味

ひじきとにんじんの炒め煮

材料 (5〜6人分)

芽ひじき(乾燥)…………**20g**
にんじん………………1本
さやえんどう…………20g
油揚げ…………………1枚
だし汁………………200㎖
Ⓐ 酒………… 大さじ1と1/2
　砂糖、しょうゆ
　……… 各大さじ1と1/4
サラダ油………… 大さじ1/2

作り方 (🕐20分)

1 芽ひじきは洗って水でもどす。にんじんはせん切り、さやえんどうは塩ゆでして斜め切りにする。油揚げは油抜きして縦半分に切り、5mm幅に切る。

2 鍋にサラダ油を熱し、1の芽ひじき、にんじんを入れて中火で炒め、1の油揚げ、だし汁を加えてひと煮立ちさせる。

3 2にⒶを加え、ときどき混ぜながら汁けがなくなるまで煮て、1のさやえんどうを加えて混ぜ合わせる。

📞🐙 アレンジ

油揚げの中に落とし入れた卵とともに詰め、口をつま楊枝でとめ、薄めためんつゆで煮て、巾着卵に。

冷蔵	冷凍	しょうゆ味
4日	1か月	

長持ち

169

こんにゃく・しらたき

最近は「あく抜き不要」のものがあるので、用途に応じて選びましょう。
下ゆでや空炒りすると臭みが抜け、味がよくしみ込みます。

ラクラク

冷蔵	冷凍
4日	×

ピリ辛

すきまにぴったりの辛味の効いたおかず
こんにゃくのピリ辛炒め

材料 (5〜6人分)

こんにゃく ……… 1枚 (200g)
Ⓐ 七味唐辛子、酒、みりん、
　　しょうゆ…… 各大さじ1
　　砂糖………………… 小さじ1
サラダ油………………… 大さじ1

作り方 (⏱10分)

1 こんにゃくは両面に2〜3mmの間隔に細かい切り込みを縦横に入れてから、2cm角に切り、下ゆでをする。

2 フライパンにサラダ油を中火で熱し、1を炒め、全体が白っぽくなったらⒶを加えて、汁けがなくなるまで炒め煮にする。

🌶🐙 **アレンジ**
豚肉を巻いて、片栗粉をまぶしてこんがりと焼いて、こんにゃくの肉巻きに。

ボリューム

冷蔵	冷凍
3日	×

甘辛

お弁当にうれしいしっかり味のウマ惣菜
しらたきのチャプチェ

材料 (5〜6人分)

しらたき ………… 1袋 (350g)
牛もも薄切り肉……… 100g
にんじん……………… 1/4本
にら ………………………… 1束
しょうが、にんにく…各1/2片
Ⓐ しょうゆ……… 大さじ4
　　砂糖、酒、みりん
　　……………… 各大さじ2
白いりごま……… 大さじ1/2
ごま油………………… 大さじ1

作り方 (⏱20分)

1 牛もも薄切り肉は細切りにする。にんじんはせん切り、にらは2cm長さ、しょうが、にんにくはみじん切りにする。

2 しらたきはざく切りにし、フライパンでから炒りして水けをとばし、取り出す。

3 フライパンにごま油を熱し、1のしょうが、にんにくを炒める。香りが立ったら1の牛肉を加えて炒め、肉の色が変わったら、1のにんじんも加えて炒め合わせる。Ⓐ、2を加え、水けがなくなるまで炒め煮にし、1のにらを加えてさっと炒め、白いりごまをふる。

🥦🥕 **食材チェンジ**
牛もも薄切り肉100g
➡合いびき肉100g

ごまの風味が
おいしい
ごま鶏
➡P43

チーズと青じそが
相性ばつぐん
**ミルフィーユ
牛カツ**
➡P67

カレー味で
食欲増進
**ぶりの
カレームニエル**
➡P77

にんにくを効かせてパンチのある味に

しらたきのトマト煮

材料（5〜6人分）

しらたき…………1袋（350g）
牛ひき肉………………100g
エリンギ…………………1本
にんにく（薄切り）………1片分
Ⓐ カットトマト（缶詰）‥200g
┌ コンソメスープの素（顆粒）
│ ………………大さじ1/2
└ 塩…………………小さじ1/3
オリーブ油…………大さじ1

作り方（⏱20分）

1 しらたきはざく切りにし、フライパンでから炒りして水けをとばす。エリンギは縦半分に切って1cm幅に切る。

2 鍋にオリーブ油とにんにくを入れて中火にかけ、香りが立ったら牛ひき肉を炒める。

3 1を加えてさらに炒め、Ⓐを加えて汁けがなくなるまで炒め煮にする。

 **食材チェンジ**

エリンギ1本
➡なす1本

冷蔵	冷凍	さっぱり
4日	×	

おしゃれ

しみじみおいしい煮ものおかず

こんにゃくとたけのこのめんつゆ煮

材料（5〜6人分）

こんにゃく………1枚（200g）
たけのこ（水煮）…………80g
にんじん………………1/4本
Ⓐ めんつゆ（3倍濃縮）
┌ ………………大さじ3
│ 水…………………120mℓ
└ みりん…………大さじ2
ごま油………………大さじ1

作り方（⏱10分）

1 こんにゃくはスプーンで小さめのひと口大にちぎる。

2 たけのこ、にんじんは短冊切りにする。

3 フライパンを熱して1を3分ほどから炒りする。

4 ごま油、2を加えて炒め、油が回ったらⒶを加えて汁けが少なくなるまで煮る。

味チェンジ

めんつゆ（3倍濃縮）大さじ3
➡白だし（7倍濃縮）大さじ1で上品に

冷蔵	冷凍	しょうゆ味
4日	×	

長持ち

作りおき瓶詰おかず

彩りがよくて、見た目もかわいい！　長持ちな瓶詰おかずを紹介します。

瓶詰おかずの作り方

1 下ごしらえした食材を瓶に入れる。
2 混ぜ合わせた Ⓐ を注ぐ。
3 冷蔵庫で漬ける（ひと晩）。

いろんな野菜に応用できる　　　（🕐15分＋漬け時間ひと晩）

コロコロ野菜ピクルス

材料と下ごしらえ（瓶500mℓ1本分）
きゅうり‥‥‥‥1本（100g）➡1cm角
にんじん‥‥1/2本（100g）➡1cm角
大根‥‥‥‥1/8本（100g）➡1cm角
塩‥‥小さじ1➡野菜にふって10分
　　　　　　　したら水けをふく
Ⓐ➡ひと煮立ちさせて粗熱をとる
　りんご酢‥‥‥‥‥‥‥‥150mℓ
　水‥‥‥‥‥‥‥‥‥‥‥50mℓ
　砂糖‥‥‥‥‥‥‥‥‥‥50g
　塩‥‥‥‥‥‥‥‥‥小さじ1/2
　赤唐辛子‥‥‥‥‥‥‥‥1本
　ローリエ‥‥‥‥‥‥‥‥1枚

冷蔵	冷凍
1週間	×

さっぱり

ピンク色がかわいい　　　　（🕐15分＋漬け時間ひと晩）

かぶの梅酢漬け

材料と下ごしらえ（瓶500mℓ1本分）
かぶ‥‥‥‥‥‥‥‥‥3個（360g）
　➡薄いくし形切り
塩‥‥‥‥‥‥‥‥‥‥‥小さじ1/2
　➡かぶにふって10分したら水け
　　をふく
Ⓐ➡ひと煮立ちさせて粗熱をとる
　梅酢‥‥‥‥‥‥‥‥‥‥170mℓ
　水‥‥‥‥‥‥‥‥‥‥‥35mℓ
　砂糖‥‥‥‥‥‥‥‥‥‥60g

冷蔵	冷凍
1週間	×

甘酸っぱい

おつまみにぴったり　　　　（🕐10分＋漬け時間ひと晩）

プチトマトとチーズのマリネ

材料と下ごしらえ（瓶500mℓ1本分）
プチトマト‥‥‥‥‥20個（300g）
　➡ヘタをとる
プロセスチーズ‥‥‥‥‥‥150g
　➡1.5cm角に切る
Ⓐ➡よく混ぜる
　白ワインビネガー‥‥‥‥120mℓ
　オリーブ油‥‥‥‥‥‥‥90mℓ
　砂糖‥‥‥‥‥‥‥‥‥大さじ3
　塩‥‥‥‥‥‥‥‥‥‥小さじ1

冷蔵	冷凍
1週間	×

こっくり

ご飯に混ぜても　　　　　　（🕐20分＋漬け時間ひと晩）

枝豆といんげんのだし漬け

材料と下ごしらえ（瓶500mℓ1本分）
枝豆（冷凍）‥‥‥‥‥‥‥‥350g
　➡解凍してさやから出す
さやいんげん‥‥‥‥‥‥‥100g
　➡斜め切りにしてゆでる
Ⓐ➡ひと煮立ちさせる
　白だし‥‥‥‥‥‥‥‥‥200mℓ
　水‥‥‥‥‥‥‥‥‥‥‥150mℓ

冷蔵	冷凍
1週間	×

塩味

4

主食

ご飯、麺、パンなどの作りおきできる主食を紹介します。
ほぼ冷凍できるので、何かひとつでも作って冷凍しておけば、
お弁当がすぐに完成します。

お弁当カタログ

● サブおかず
プチトマトとオクラの
土佐酢あえ➡P102

● サブおかず
ほうれん草のくるみあえ➡P125

● メインおかず
ビビンバ肉そぼろ➡P60

おかずのっけでビビンバ弁当

● 主食
ご飯＆白いりごま

カラフル洋風パン弁当

● メインおかず
さんまのイタリアン
グリル➡P80

● サブおかず
かぼちゃとツナの
甘煮➡P111

● 主食
全粒粉パン

● サブおかず
ブロッコリーの
いきなり炒め➡P117

● サブおかず
さつまいもと
切り昆布の煮もの
➡P113

● サブおかず
にんじんときゅうりの
ヨーグルトみそ漬け
➡P98

● メインおかず
豚みそ角煮➡P58

● 主食
ご飯

みそ角煮の彩り弁当

鶏つくねのアレンジのっけ弁当

- かぶの梅酢漬け ➡ P172

● サブおかず
ほうれん草の
ごまみそあえ ➡ P123

● 主食
ご飯＆もみのり

● メインおかず
鶏つくねの卵とじ ➡ P29

ハンバーグのアレンジ弁当

● サブおかず
ズッキーニと鶏肉の
トマト煮 ➡ P132

● サブおかず
紫キャベツの
ペッパーレモン
マリネ ➡ P121

● メインおかず
ハンバーグ ➡ P30
ハンバーグにカリカリ
ミニ目玉焼き (→P34)
をのせる

● 主食
ご飯＆ふりかけ

野菜たっぷり栄養満点弁当

● メインおかず
たっぷり野菜の
ポークチャップ
➡ P50

● サブおかず
さつまいもの
マッシュサラダ
➡ P113

● サブおかず
アスパラの
たらマヨ炒め
➡ P126

● 主食
ご飯＆黒いりごま

ボリューム中華弁当

● サブおかず
小松菜の肉巻き
➡ P134

- プチトマト

● サブおかず
ブロッコリーの
おかかごまあえ
➡ P136

● メインおかず
鮭の中華風
照り焼き ➡ P73

● サブおかず
はちみつ酢ばす
➡ P148

● 主食　ご飯

カレーうどん弁当

- プチトマト

● 主食
カレー焼きうどん
➡ P184

🍚 ご飯

お弁当の半分は主食。
白いご飯を替えれば簡単にイメージチェンジできます。

ご飯のポイント

浸水が大事

浸水をすると米粒に水分がしみわたり、ふっくら炊き上がります。30分は浸水するとよいでしょう。炊飯器によっては浸水が不要なものもあるので、確認してください。

ご飯は冷凍が◎

ご飯は冷蔵するとパサパサになり、温めなおしてもおいしくありません。温かいうちにラップに包み、冷めたら冷凍するのが一番おいしい保存法です。

おにぎりの作り方

ご飯をふんわり置く

ご飯は茶碗1杯分くらいをふんわり広げます。大人の手のひらにちょうどのるくらいです。真ん中に具を入れるときは、ご飯を押しつぶさないようにスペースを空けて入れて。

力を入れすぎない

三角おにぎりの場合、右手を山形にして一瞬力を入れて形を整え、左手は添える程度にします。力を入れすぎずに、ふんわりまとめるように握りましょう。

おにぎりの形いろいろ

三角形

もっとも握りやすい定番の形です。握ってから具をてっぺんに置くなど、具の見せ方を変えるとたのしくできます。

のりを巻くと

丸形

少し平べったい丸形と、球形があります。球形は小さめのおにぎりに向くので、手まりおにぎりや、子ども用のおにぎりに。

俵形

上になる手でご飯をくるくる回しながら握ると、俵形になります。四角や長四角のお弁当箱には詰めやすい形です。

甘辛そぼろ

冷蔵	冷凍
×	1か月

ツナそぼろおにぎり

材料（2個分）

ご飯……………………茶碗2杯分
ツナ（缶詰）…………1/2缶（40g）
Ａ┃しょうゆ……………大さじ1/2
　┃みりん、砂糖………各小さじ1/2

作り方（⏱3分）

1 小鍋に軽く缶汁をきったツナ、Ａを入れて汁けがなくなるまで炒め煮にする。

2 ご飯に1をのせ、三角に握る。

混ぜるだけ

冷蔵	冷凍
×	1か月

梅チーズおにぎり

材料（2個分）

ご飯……………………茶碗2杯分
梅干し……………………………1個
クリームチーズ………………10g
白すりごま……………小さじ1/2

作り方（⏱3分）

1 梅干しは種を取り除き、包丁でたたく。ボウルにクリームチーズを入れてよく練り、1、白すりごまを入れてよく混ぜる。

2 ご飯に1をのせ、三角に握る。

コクうま

冷蔵	冷凍
×	1か月

明太しそマヨおにぎり

材料（2個分）

ご飯……………………茶碗2杯分
辛子明太子……………………10g
青じそ……………………………2枚
マヨネーズ………………小さじ2

作り方（⏱3分）

1 辛子明太子はほぐし、青じそは小さめにちぎって、マヨネーズとよく混ぜる。

2 ご飯に1をのせ、三角に握る。

ボリューム

冷蔵	冷凍
×	1か月

肉巻きおにぎり

材料（2個分）

ご飯……………………茶碗2杯分
牛もも薄切り肉（しゃぶしゃぶ用）
………………（大きいもの）2枚（80g）
Ａ┃しょうゆ、酒、みりん
　┃………………………各大さじ1
サラダ油…………………………少々

作り方（⏱10分）

1 ご飯は2つの3cm厚のだ円形のおにぎりにし、肉を1枚ずつ巻きつける。

2 フライパンにサラダ油を中火で熱して、1を焼く。

3 牛もも薄切り肉がこんがりして火が通ったら、合わせたＡを加えて全体にからめる。

食感◎

冷蔵	冷凍
×	1か月

たくあん焼きおにぎり

材料（2個分）

ご飯……………………茶碗2杯分
たくあん………………………50g
Ａ┃めんつゆ、水………各小さじ1
　┃白いりごま……………大さじ1

作り方（⏱10分）

1 たくあんは4mm角に刻み、ご飯にＡとともに混ぜる。

2 1を俵型に握り、オーブントースターで全面こんがりするまで焼く。

ミニサイズ

冷蔵	冷凍
×	1か月

手まりおにぎり

材料（6個分）

ご飯…………………………240g
Ａ┃卵………………………1/2個
　┃塩、砂糖………………各少々
サラダ油…………………………少々
しば漬け（みじん切り）………大さじ1
青のり…………………ひとつまみ
焼きのり………………………適量

作り方（⏱10分）

1 Ａをよく混ぜ、サラダ油をひいたフライパンでいり卵を作る。

2 ご飯は3等分にし、それぞれ1、しば漬け、青のりを混ぜ、それぞれ2個の丸型のおにぎりにする。

3 焼きのりを1cm幅に切って巻く。

混ぜて簡単

鮭わかめ混ぜご飯

冷蔵 × ／ 冷凍 1か月

材料（2回分）
ご飯‥‥‥‥‥‥‥‥‥‥茶碗2杯分
カットわかめ（乾燥）‥‥‥‥4つまみ
鮭フレーク（市販）‥‥‥‥‥‥20g

作り方（🕒3分）
1 カットわかめは手で細かく砕く。
2 ご飯に1、鮭フレークを混ぜる。

しっかり味

たくあんじゃこ
混ぜご飯

冷蔵 × ／ 冷凍 1か月

材料（2回分）
ご飯‥‥‥‥‥‥‥‥‥‥茶碗2杯分
たくあん‥‥‥‥‥‥‥‥‥‥40g
ちりめんじゃこ‥‥‥‥‥‥‥‥16g
黒いりごま‥‥‥‥‥‥‥‥小さじ2

作り方（🕒3分）
1 たくあんは5mm角に切る。
2 ご飯に1、ちりめんじゃこ、黒いりごまを混ぜる。

元気カラー

枝豆と桜えび混ぜご飯

冷蔵 × ／ 冷凍 1か月

材料（2回分）
ご飯‥‥‥‥‥‥‥‥‥‥茶碗2杯分
桜えび‥‥‥‥‥‥‥‥‥‥大さじ2
枝豆（冷凍・さやから出す）‥‥‥‥40g
塩‥‥‥‥‥‥‥‥‥‥‥‥‥少々

作り方（🕒3分）
1 ご飯に桜えび、枝豆、塩を混ぜる。

こっくり味

焼き肉風そぼろ
混ぜご飯

冷蔵 × ／ 冷凍 1か月

材料（2回分）
ご飯‥‥‥‥‥‥‥‥‥‥茶碗2杯分
牛ひき肉‥‥‥‥‥‥‥‥‥‥70g
ピーマン‥‥‥‥‥‥‥‥‥‥2個
焼き肉のたれ（市販）‥‥‥大さじ1強
ごま油‥‥‥‥‥‥‥‥‥‥小さじ1

作り方（🕒10分）
1 ピーマンは粗みじん切りにし、フライパンにごま油を中火で熱し、牛ひき肉とともに炒める。
2 肉に火が通ったら、焼き肉のたれを加えてからめ、ご飯に混ぜる。

洋風味

ベーコン＆
ブロッコリー混ぜご飯

冷蔵 × ／ 冷凍 1か月

材料（2回分）
ご飯‥‥‥‥‥‥‥‥‥‥茶碗2杯分
ブロッコリー‥‥‥‥‥1/2株（100g）
ベーコン‥‥‥‥‥‥‥‥‥‥4枚
塩、こしょう‥‥‥‥‥‥‥‥各少々

作り方（🕒5分）
1 ブロッコリーはさっとゆで、細かく刻む。ベーコンは1cm角に切る。
2 ご飯に1、塩、こしょうを混ぜる。

ピラフ風

えびとプチトマトの
混ぜご飯

冷蔵 × ／ 冷凍 1か月

材料（2回分）
ご飯‥‥‥‥‥‥‥‥‥‥茶碗2杯分
むきえび‥‥‥‥‥‥‥‥‥小20尾
プチトマト‥‥‥‥‥‥‥‥‥10個
粉チーズ‥‥‥‥‥‥‥‥‥大さじ1強
塩‥‥‥‥‥‥‥‥‥‥‥小さじ1/3
こしょう‥‥‥‥‥‥‥‥‥‥少々
バター‥‥‥‥‥‥‥‥‥‥‥20g

作り方（🕒3分）
1 むきえびは背わたがあれば取り、プチトマトはヘタを取って半分に切る。
2 フライパンを中火で熱してバターを溶かし、1を炒める。えびに火が通ったら、塩、こしょうをふり、粉チーズとともにご飯に混ぜる。

梅干し味が新鮮

冷蔵 ×　冷凍 1か月

ツナと梅干しの炊き込みご飯

材料（4回分）

米･･････････････2合
ツナ（缶詰）････2缶（140g）
梅干し････････大2個
小ねぎ（小口切り）･･3本分
水･････････････300㎖
Ⓐ しょうゆ、酒
　　･･･････各大さじ1

作り方（🕐10分）

※浸水、炊飯時間を除く

1 米は研いでザルにあげ、水けをきって炊飯器に入れ、分量の水を加えて浸水させる。

2 缶汁ごとのツナ、Ⓐを加えてざっと混ぜ、梅干しをのせて炊飯する。

3 炊き上がったら、梅干しを取り出して種を除いて混ぜ、小ねぎとともにご飯に混ぜる。

うま味たっぷり

冷蔵 ×　冷凍 1か月

豚肉の中華風炊き込みご飯

材料（4回分）

米･･････････････2合
豚バラかたまり肉
　･･･････････････100g
しいたけ･･･････････3枚
たけのこ（ゆで）････100g
にんじん･････････50g
Ⓐ 水･････････････300㎖
　オイスターソース、
　しょうゆ、酒
　　･･･････各大さじ1

作り方（🕐10分）

※浸水、炊飯時間を除く

1 米は研いでザルにあげ、水をきっておく。

2 豚バラかたまり肉は1cm角、3cm長さの棒状に切り、しいたけ、たけのこ、皮をむいたにんじんは6〜7mm角に切ってすべて鍋に入れ、Ⓐを加えて中火で3分煮て火を通す。

3 1、2を炊飯器に入れてさっと混ぜ、炊飯する。

具だくさんでランチにぴったり

おにぎらずの作り方

断面が見栄えよく人気がある、おにぎらずの作り方を紹介します。

材料（1個分）

ご飯･････････････････････････茶碗1杯分
焼きのり･････････････････････全形1枚
ケチャップミンチ（→P62）･･･････大さじ2〜3
ゆで卵（→P34）･････････････････1個
ブロッコリーのタルタルあえ（→P136）
　････････････････････････大さじ2〜3

具におすすめのおかず

- ささみのえびチリ風 → P47
- かんたんしょうが焼き → P54
- ベトナム風なます → P99
- アスパラのチーズ焼き → P127
- 紫玉ねぎのハーブサラダ → P145

作り方（🕐10分）

1 焼きのりの中心にご飯半量を広げ、ケチャップミンチ、輪切りのゆで卵、刻んだブロッコリーのタルタルあえをのせる。

2 上に残りのご飯を広げ、のりの角から真ん中に向かって、四角に折り込む。ラップできっちり包んで30分ほど落ち着かせる。

3 包丁を水でぬらし、ラップの上から包丁を大きく動かして、一気に切る。

 # パン

パンは冷蔵するとパサパサになるので、サンドイッチにして冷凍しておきましょう。

サンドイッチ向きのパン

サンドイッチ用パン

薄くてやわらかいので、すぐ解凍できます。冷蔵庫で自然解凍し、温めて食べたいものは電子レンジで加熱して。

ロールパン

ふわふわの生地なので、すぐ解凍できます。冷蔵庫で自然解凍。パンに甘さがあるので、ソーセージなど味がしっかりした具がおすすめ。

マフィン

ふわふわもっちりした生地。半分に切って具をはさんで冷凍、冷蔵庫で自然解凍。肉や魚のソテーなど大きめの具をはさめるのが魅力。

ドッグパン

ロールパンに似た甘さのある生地。冷蔵庫で自然解凍。味がしっかりしたメインおかず、ポテトサラダなどやわらかいおかずと相性◎。

ベーグル

食べごたえのあるしっかりした生地ですが、冷蔵庫で自然解凍でOK。クリームチーズや、甘い系のおかずも合うので、おやつとしても。

具だくさんサンド の作り方

カラフルな具を重ねた、具だくさんのサンドイッチは、好みのおかずをたっぷりはさめば完成。ここでは作るときのポイントを紹介します。

| POINT | 1
パンにはバターやマヨネーズを塗って

おかずから水分が出るので、パンにバターやマヨネーズを塗って、水分がしみるのを防ぎます。辛子マヨネーズや、マスタードマヨネーズなどでもOK。

| POINT | 2
メインおかずを1つは入れて

鶏肉のソテーなど、具が大きめのメインおかずを1つ入れます。食べごたえが出て、これ1つで満足感があり、見た目にも存在感が出ます。

| POINT | 3
サブおかずは野菜の色で選んで

サブおかずは具材がシンプルで、色がキレイなものを選びます。緑、赤、黄、オレンジ、紫などを1種類入れると華やかに。2種類入れるとよりきれいに見えます。

2種類完成

鮭＆コンビーフサンド

材料 (1人分)
食パン（サンドイッチ用）・・・・・・・・・2枚
A クリームチーズ、
　　　鮭フレーク（市販）・・・・・・各10g
　　パセリ（みじん切り）・・・小さじ1/2
B コンビーフ・・・・・・・・・・・・・・・20g
　　クリームチーズ・・・・・・・・・・・・10g

作り方 (⏱5分)
1 食パンは半分に切る。

2 **A**、**B**はそれぞれよく混ぜて**1**にはさむ。

冷蔵	冷凍
×	1か月

混ぜるだけ

タルタル卵サンド

材料 (1人分)
食パン（サンドイッチ用）・・・・・・・・・2枚
ゆで卵・・・・・・・・・・・・・・・・・・・・・・・2個
A マヨネーズ・・・・・・・・・・・・・大さじ1
　　きゅうりのピクルス（みじん切り）
　　・・・・・・・・・・・・・・・・・・・・・・1/2本
　　塩、砂糖・・・・・・・・・・・・・・各少々
バター・・・・・・・・・・・・・・・・・・・・・・適量

作り方 (⏱5分)
1 ゆで卵は粗く刻み、**A**を混ぜる。

2 食パン2枚にバターを塗り、**1**をはさみ、食べやすく切る。

冷蔵	冷凍
×	1か月

甘い系も

さつまいもあんバターサンド

材料 (1人分)
食パン（サンドイッチ用）・・・・・・・・・2枚
さつまいも・・・・・・・・・・・・・・・・・・4cm
ゆであずき・・・・・・・・・・・・・・・・・・20g
バター・・・・・・・・・・・・・・・・・・・・・・10g

作り方 (⏱5分)
1 さつまいもは1cm厚さに切り、耐熱容器に並べてラップをかけて電子レンジ（600W）で3分加熱する。

2 食パンにやわらかくしたバターを塗る。1枚にゆであずきを広げ、**1**をのせてはさみ、食べやすく切る。

冷蔵	冷凍
×	1か月

肉たっぷり

ミックスミートサンド

材料 (1人分)
食パン（サンドイッチ用）・・・・・・・・・2枚
ベーコン・・・・・・・・・・・・・・・・・・・・2枚
ロースハム・・・・・・・・・・・・・・・・・・2枚
ボローニャソーセージ（薄切り）・・2枚
A マヨネーズ・・・・・・・・・・・・・小さじ1
　　マスタード・・・・・・・・・・・小さじ1/2

作り方 (⏱5分)
1 ベーコンは長さを半分に切ってカリカリに焼き、脂をきる。

2 食パン2枚に混ぜ合わせた**A**を塗り、**1**、ロースハム、ボローニャソーセージをはさみ、食べやすく切る。

かわいい

フルーツサンド

材料 (1人分)
食パン（サンドイッチ用）・・・・・・・・・2枚
キウイ・・・・・・・・・・・・・・・・・・・・1/4個
バナナ・・・・・・・・・・・・・・・・・・・・1/4本
黄桃（缶詰）・・・・・・・・・・・・・1/2個分
ホイップクリーム・・・・・・・・・・・・・・・適量

作り方 (⏱5分)
1 キウイは4等分、バナナは縦半分、黄桃は半分に切る。

2 食パン1枚にホイップクリームをぽってり塗り、**1**を並べた上にホイップクリームを塗ってはさみ、食べやすく切る。

冷蔵	冷凍
×	1か月

こってり味

ツナチーズサンド

材料 (1人分)
食パン（サンドイッチ用）・・・・・・・・・2枚
ツナ（缶詰）・・・・・・・・・・・・1/2缶（40g）
A マヨネーズ・・・・・・・・・・・大さじ1/2
　　塩、こしょう・・・・・・・・・・・各少々
スライスチーズ・・・・・・・・・・・・・・・2枚
バター・・・・・・・・・・・・・・・・・・・・・・10g

作り方 (⏱5分)
1 ツナは缶汁をきり、**A**を混ぜる。

2 食パン2枚にバターを塗り、**1**を広げ、スライスチーズをのせてはさみ、食べやすく切る。

冷蔵	冷凍
×	1か月

中華麺

中華麺は時間がたっても食感があっておいしく、
作りおきにぴったりです。

魚介のうまみがポイント

海鮮しょうゆ焼きそば

材料 (2人分)

中華蒸し麺………………2玉
むきえび………………6尾
いか(胴)………………1杯分
白菜………………大1枚
しょうが………………1片
A｜しょうゆ……大さじ2
　｜酒、みりん‥各大さじ1
　｜ごま油……大さじ1/2
サラダ油………大さじ1

作り方 (⏱15分)

1 むきえびは背わたがあれば取り、いかは開いて斜め格子の切り込みを入れてひと口大に切る。白菜はそぎ切りに、しょうがはみじん切りにする。

2 耐熱ボウルに1、Aを入れて混ぜ、ラップをかけて電子レンジ(600W)で3分加熱する。

3 フライパンを熱してサラダ油をひき、中華蒸し麺を香ばしくなるまで炒め、2を加えて強火で炒め合わせる。

冷蔵	冷凍
3日	1か月

しょうゆ味

濃い味のたれはご飯にも合う

ジャージャー麺

材料 (2人分)

中華生麺………………2玉
豚ひき肉………………150g
A｜長ねぎ………10cm
　｜しょうが…………1片
B｜酒、水………各大さじ3
　｜オイスターソース、
　｜テンメンジャン
　｜…………各大さじ2
　｜しょうゆ……大さじ1
　｜鶏がらスープの素(顆粒)
　｜…………小さじ1
きゅうり…………1/2本
ごま油……大さじ1と1/2

作り方 (⏱15分)

1 Aはみじん切りにする。

2 フライパンにごま油大さじ1/2を熱し、豚ひき肉、1を入れて中火で炒める。火が通ったらBを加えて汁けがなくなるまで炒め煮にする。

3 中華生麺は表示通りにゆで、ザルにあげて水けをよくきり、ごま油大さじ1をからめる。保存するときは麺と2を分けて保存する。

4 食べるときに、3に2をかけ、きゅうりのせん切りを添える。

冷蔵	冷凍
4日	1か月

こっくり

見た目のインパクトばつぐん！

オムそば

材料 (2人分)

中華蒸し麺……………2玉
豚こま切れ肉………100g
キャベツ……………2枚
卵……………………2個
お好み焼きソース
　　　　　　……………大さじ4
青のり、紅しょうが
　　　　　　……………各適量
サラダ油……………適量

冷蔵	冷凍
3日	1か月

こっくり

作り方 (⏱20分)

1 キャベツは細切りにする。フライパンにサラダ油大さじ1/2を熱し、豚こま切れ肉、キャベツを中火で炒める。火が通ったら中華蒸し麺を加え、焼き色がつくまで炒め合わせ、お好み焼きソースをからめる。

2 小さめのフライパンを熱してサラダ油少々をひき、卵1個を割りほぐして入れ、薄焼き卵を焼く。同様にもう1枚焼く。

3 2の1枚に1の半量をのせて包み、卵に切り込みを入れ、青のり、紅しょうがをのせる。同様にもう1個作る。

コクと辛みで食欲アップ！

ピリ辛あえそば

材料 (2人分)

中華生麺…………………2玉
焼豚(市販)………………150g
ザーサイ…………………30g
Ⓐ オイスターソース、
　　ごま油…………各大さじ1
　│豆板醤……………小さじ1強
　└しょうゆ…………大さじ1/2
パクチー(ざく切り)…………適量

作り方 (⏱10分)

1 焼豚、ザーサイはせん切りにする。

2 中華生麺はゆでてザルにあげ、水けをきって1と合わせ、Ⓐを加えてあえる。パクチーを添える。

冷蔵	冷凍
3日	1か月

ピリ辛

うどん

伸びにくくて冷凍向きな、焼きうどんのバリエーションを紹介します。

めんつゆで簡単味つけ!

カレー焼きうどん

材料 (2人分)

ゆでうどん…………2玉
ウインナーソーセージ
……………………4本
玉ねぎ……………1/2個
キャベツ……………2枚
Ⓐ カレールウ (刻む)…20g
　 熱湯…………大さじ4
　 めんつゆ (3倍濃縮)
　　…………………小さじ2
サラダ油………大さじ1

作り方 (⏱10分)

1. ウインナーソーセージは斜め切り、玉ねぎは薄いくし形切り、キャベツは細切りにする。

2. フライパンにサラダ油を熱し、**1**を強火でさっと炒め、ゆでうどんを加えて炒め合わせる。

3. よく混ぜた Ⓐ を加え、手早くからめる。

冷蔵	冷凍
3日	**1**か月

スパイシー

マヨネーズでコクをプラス

明太子マヨネーズうどん

材料 (2人分)

ゆでうどん…………2玉
明太子………………1腹
しめじ………1/2パック
ブロッコリー………1/4株
マヨネーズ……大さじ2
水……………大さじ3
しょうゆ……………適量
サラダ油………大さじ1

作り方 (⏱10分)

1. 明太子は薄皮をむいてほぐし、マヨネーズを混ぜる。

2. しめじはほぐし、ブロッコリーは刻む。

3. フライパンにサラダ油を熱して、**2**を中火でさっと炒める。ゆでうどん、分量の水を加えてほぐしながら炒め、**1**を加えて炒め合わせる。味をみて足りなければ、しょうゆを加える。

冷蔵	冷凍
3日	**1**か月

こっくり

具だくさんの韓国風味！

プルコギうどん

材料 (2人分)

ゆでうどん	2玉
牛こま切れ肉	100g
玉ねぎ	1/4個
にんじん	1/4本
ピーマン	1個
焼き肉のたれ (市販)	大さじ5〜6
水	大さじ2
白すりごま	適量
ごま油	小さじ2

作り方 (⏱15分)

1 玉ねぎは薄切り、にんじん、ヘタと種を除いたピーマンはせん切りにし、牛こま切れ肉とともにフライパンに入れて焼き肉のたれ、ごま油を加えて混ぜる。

2 1を中火にかけてじっくり炒め、汁けが出てきたらゆでうどん、分量の水を加え、強火にして炒め合わせる。白すりごまをふる。

冷蔵	冷凍
4日	1か月

甘辛

シンプルな具材でさっぱりと

卵炒めうどん

材料 (2人分)

ゆでうどん	2玉
鶏ひき肉	120g
グリーンアスパラガス	2本
卵	3個
白だし、水	各大さじ3
サラダ油	大さじ1

作り方 (⏱15分)

1 グリーンアスパラガスは短めの斜め切りにする。

2 フライパンにサラダ油を熱し、鶏ひき肉、1を中火で炒め、肉の色が変わったら、ゆでうどん、白だし、分量の水を加えてほぐしながら炒め合わせる。

3 強火にして、溶きほぐした卵を加え、手早く炒め合わせる。

冷蔵	冷凍
3日	1か月

塩味

🫙 スープジャー

ひとつあれば温かいお昼ご飯がたのしめる、スープジャーのレシピを紹介します。

もち麦のプチプチ食感がクセになる

鶏としょうがの麦雑炊

材料（400mlのスープジャー1回分）

鶏もも肉	50g
白菜	50g
えのきだけ	1/3袋
もち麦	大さじ3
しょうが	1片
A　水	300ml
和風だしの素（顆粒）	小さじ1
塩	少々

作り方（⏱10分＋保温時間4時間）

1 スープジャーに熱湯（分量外）を入れて温める。

2 鶏もも肉は1cm角に切り、白菜は小さめのそぎ切り、えのきだけは長さを3等分に切る。しょうがはみじん切りにする。

3 鍋に 2、もち麦、A を入れて煮立たせ、肉に火が通るまで中火で煮たら、湯を捨てた 1 に入れ、保温する（4時間）。

塩味

ゴロゴロ具材で食べごたえたっぷり

ウインナーとパスタのミネストローネ

材料（400mlのスープジャー1回分）

マカロニ（早ゆでタイプ）	20g
玉ねぎ	1/4個
かぼちゃ	30g
ズッキーニ	1/3本
ウインナーソーセージ	2本
A　トマトジュース	150ml
水	50ml
コンソメスープの素（顆粒）	小さじ1
塩、こしょう	各少々
オリーブ油	小さじ4

作り方（⏱15分＋保温時間4時間）

1 スープジャーに熱湯（分量外）を入れて温める。

2 マカロニはゆでて水で洗って水けをきる。

3 玉ねぎ、かぼちゃ、ズッキーニは1cm角、ウインナーソーセージは1cm幅の輪切りにして鍋に入れ、オリーブ油、塩、こしょうを加えて強火でさっと炒める。

4 A を加えて10分煮立たせ、湯を捨てた 1 に入れ、保温する（4時間）。2 は食べる直前に加える。

さっぱり

ピリ辛本格スープがカンタンに!

担々麺風スープ春雨

材料（400mlのスープジャー1回分）

豚ひき肉・・・・・・・・・・・・・・・・50g
春雨・・・・・・・・・・・・・・・・・・・15g
🅰 しめじ（ほぐす）・・・・・・・・40g
　長ねぎ（みじん切り）・・・・・10g
　しょうが（みじん切り）・・・10g
🅱 水・・・・・・・・・・・・・・・・・・300ml
　みそ・・・・・・・・・・・・・・・・大さじ1
　中華風スープの素（顆粒）、
　　豆板醤・・・・・各小さじ1/2
ごま油・・・・・・・・・・・・・・・・小さじ1

作り方 （🕐10分＋保温時間4時間）

1 スープジャーに熱湯（分量外）を
　入れて温める。

2 鍋にごま油、豚ひき肉、🅰 を入れ
　て混ぜてから、中火にかけて炒め、
　肉に火が通ったら🅱 を加えて煮
　立てる。

3 湯を捨てた1に2を入れ、乾燥
　したままの春雨をキッチンばさみ
　で半分に切って加え、保温する（4
　時間）。

> ピリ辛

シチューの素を使って味つけラクラク

ベーコンとマッシュルームの
クリームリゾット

材料 （400mlのスープジャー1回分）

ブロックベーコン・・・・・・・・50g
マッシュルーム・・・・・・・・・・2個
玉ねぎ・・・・・・・・・・・・・・・・1/4個
グリーンピース（冷凍）・・・・10g
水・・・・・・・・・・・・・・・・・・・180ml
クリームシチューの素・・・20g
ご飯・・・・・・・・・・・・・・・・・・60g
バター・・・・・・・・・・・・・・・・10g

作り方 （🕐15分＋保温時間4時間）

1 スープジャーに熱湯（分量外）を
　入れて温める。

2 ブロックベーコンは拍子木切り、
　マッシュルームは半分に切り、玉
　ねぎはみじん切りにする。

3 鍋にバターを溶かして、玉ねぎを
　中火で炒め、透き通ったらグリー
　ンピース、残りの2、分量の水を
　加えて煮立て、クリームシチュー
　の素を溶かし、とろみがつくまで
　煮る。

4 湯を捨てた1にご飯、3を入れ、
　保温する（4時間）。

> こっくり

素材・タイプ別さくいん

● スピード　● ラクラク
● ヘルシー　● ボリューム
● のっけ弁　● おしゃれ
● 変身　　　● 長持ち

料理	内山由香（食のスタジオ）、足達芳恵、キムアヤン、曽根小有里、矢島南弥子
スタイリング	栗田美香
撮影	盛谷嘉主輔　中川朋和（ミノワスタジオ）
撮影協力	野田珐瑯
イラスト	ナカオテッペイ
デザイン	髙橋朱里　菅谷真理子（マルサンカク）、岡田恵子（ok design）
DTP	秀文社
校正	草樹社
編集協力	高裕善（食のスタジオ）、村山千春、森下紗綾香

組み合わせ自由自在 作りおき弁当おかず334

2018年3月5日発行　第1版
2024年4月5日発行　第1版　第12刷

編　者	食のスタジオ
発行者	若松和紀
発行所	株式会社 西東社
	〒113-0034　東京都文京区湯島2-3-13
	https://www.seitosha.co.jp/
	電話　03-5800-3120（代）

※本書に記載のない内容のご質問や著者等の連絡先につきましては、お答えできかねます。

ISBN　978-4-7916-2699-1